Gustav Legerlotz, Jakob Wychgram

Nibelungenlied und Gudrun

Gustav Legerlotz, Jakob Wychgram

Nibelungenlied und Gudrun

ISBN/EAN: 9783743401013

Hergestellt in Europa, USA, Kanada, Australien, Japan

Cover: Foto ©Thomas Meinert / pixelio.de

Manufactured and distributed by brebook publishing software (www.brebook.com)

Gustav Legerlotz, Jakob Wychgram

Nibelungenlied und Gudrun

Nibelungenlied und Gudrun.

Neu übertragen

von

Dr. Gustav Legerlotz,
Direktor des Königlichen Gymnasiums zu Salzwedel.

Auszug für den Unterricht an höheren Mädchenschulen.

Mit Beigaben aus Jordans Nibelungen, Hebbels Nibelungen
und Geibels Gedichten, sowie einem Vorwort

von

Dr. J. Wychgram,
Direktor der städtischen Höheren Schule für Mädchen zu Leipzig.

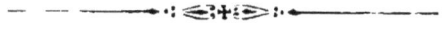

Bielefeld und Leipzig.
Verlag von Velhagen & Klasing.
1891.

Vorwort.

Die höheren Mädchenschulen können, obgleich sie über mehr deutsche Stunden verfügen als die höheren Schulen für die männliche Jugend, doch für die Einführung in die mittelalterliche Litteratur nicht soviel Zeit ansetzen als jene. Gleichwohl herrscht darin Übereinstimmung, daß auch sie eine möglichst eingehende Kenntnis der beiden großen Volksepen vermitteln müssen. Durch die landläufigen litterargeschichtlichen Lesebücher mit ihren abgerissenen Proben läßt sich das nicht erreichen, sie gewähren vielmehr dem schwersten Vorwurfe, den böswillige Leute den Mädchenschulen machen, dem der Heranziehung zu geistiger Naschhaftigkeit und Oberflächlichkeit, Nahrung und Fortdauer. Andererseits dürften den meisten Lehrern die größeren Ausgaben des Nibelungenliedes und der Gudrun, die wir in unserer Sammlung veröffentlicht haben, zu umfangreich erscheinen, als daß sie dem Unterrichte selbst zu Grunde gelegt werden könnten.

Wir haben uns daher entschlossen, in einem Bändchen beide Dichtungen in einem Auszuge zu vereinigen, der geeignet ist, ein lebendiges Bild des inneren Zusammenhanges jeder einzelnen zu geben. Es ist nunmehr den höheren Mädchenschulen die bisher mangelnde Möglichkeit gegeben, ihre Schülerinnen auf Grund eigener und planvoll ausgewählter Lektüre mit diesen beiden Kleinoden unserer Litteratur bekannt zu machen, ihnen eine Gedanken- und Gefühlswelt zu erschließen, die nie aufhören wird, erhebend und veredelnd auf sie einzuwirken.

Was uns aber noch ganz besonders zur Veranstaltung dieser Ausgabe bewogen hat, ist der Wunsch, daß unsere weibliche Jugend, die einen angeborenen Sinn für dichterische Formenschönheit hat, die Dichtungen in der edelsten Fassung kennen lernen möge, die ihnen je die Kunst eines Übersetzers hat geben können. Ich brauche hier zum Lobe der Legerlotzischen Übertragung nichts zu sagen: jeder, der auch nur einige Strophen liest, wird sich überzeugen, daß die Kritik völlig recht hat, wenn sie Legerlotzens Übersetzung weit über alle anderen stellt*). Für die Jugend ist das Beste gerade gut genug — darin schon lag für uns eine Verpflichtung zur Veranstaltung dieser Ausgabe. Möchte unsere gute Absicht guten Erfolg haben, damit die alten Lieder von Kriemhild und Gudrun in den Herzen unserer Mädchen- und Frauenwelt lebendig erhalten werden.

Die Beigaben aus Jordans Nibelungen, Hebbels Nibelungen und Geibels Gedichten werden vielen Lehrern willkommen sein.

Dr. J. Wychgram.

---

*) Der Übersetzer hat seine Grundsätze, die schon früher in den Nachdichtungen aus Burns, Byron, Béranger, Horaz, Sophokles u. a. den Beifall der gesamten Kritik gefunden haben, in Lyons Zeitschrift für den deutschen Unterricht Bd. 4 S 131 bis 137 dargelegt. Ebendaselbst Bd. 4 S. 551—582 findet sich eine treffliche und eingehende Besprechung seiner Nibelungenübersetzung von Sahr.

Das Nibelungenlied.

I. Vom Hofe der Burgunden. Kriemhildens Traum.

1. Gar viele Wunder melden   die Mären alter Zeit
Von lobesamen Helden   und heißem Kampf und Streit.
Von Jubel auch und Festen,   von Thränen und Jammerlaut,
Von schwertgrimmen Gästen   sei manches Wunder euch vertraut.

---

2. Im Reiche der Burgunden   wuchs ein Mägdelein;
Fürwahr, nichts konnte schöner   in allen Landen sein.
Kriemhild war sie geheißen.   Um dieses schöne Weib
Sollt' es vielen Recken   dereinst an Leben gehn und Leib.

3. So wonnig sie auch blühte,   noch trug sie andre Zier:
Der Tugendschmuck der Jungfrau   wahr ohnegleichen schier.
Drum that ihr niemand zürnen;   der wunderholden Magd
In stiller Minne dienen   hat stolzen Degen wohl behagt.

4. Drei Könige, ihre Brüder,   pflagen ihrer Hut:
Gunther neben Gernot,   zwei Recken hochgemut,
Und Giselher der junge,   ein auserkorner Held.
An Sippe, Macht und Schätzen   trotzten die drei schier aller Welt.

5. Die hehren Fürsten wohnten   zu Worms an des Rheines Strand.
Ihr Arm war allen furchtbar,   doch mild war ihre Hand.
Drum dienten ihnen freudig   die besten Recken zumal;
Wer gäb' euch volle Kunde   von ihrer Wunderthaten Zahl?

6. Da war Herr Hagen von Tronje,   stahlhart, grimm und kühn;
Sein Bruder, der schnelle Dankwart,   that sich als Marschall mühn;
Von Metz sein Neffe Ortwin   war Truchseß, keck, gewandt;
Der Küchenwart hieß Rumold,   und Sindold war der Schenk
                                                  genannt.

7. Der Kämmrer auch, Herr Hunold, der sei euch nicht verhehlt;
    Doch neben Hagen der kühnste, ein Held ganz auserwählt,
    War Volker von Alzeie, ein Meister der Fiedelkunst,
    Und höher als sein Bogen stand seine Klinge noch in Gunst.

8. In ihren hohen Züchten träumte nun Kriemhild,
    Sie zöge mit vielem Fleiße einen Falken kühn und wild.
    Den zerfleischten ihr zween Aare; sie selber mußt' es sehn.
    Ihr konnte nimmer auf Erden ein größer Herzeleid geschehn.

9. Sie that den Traum am Morgen Uten, der Mutter, kund;
    Nicht bessere Deutung wußte dem Kind ihr weiser Mund:
    „Der Falke, den du ziehest, das ist ein edler Mann;
    Ihn schütze Gott der Herre, der allein ihn dir bewahren kann."

10. „Was sprecht Ihr mir vom Manne, vielliebe Mutter mein?
    Frei von Heldenminne auf immer will ich sein.
    So magdlich will ich bleiben bis an meinen Tod,
    Auf daß von einem Manne mir nie erwachse Gram und Not."

11. „Verred' es nicht so gänzlich," versetzte die Mutter drauf;
    „Willst herzlich froh du werden in deines Lebens Lauf,
    So geschieht's durch Mannesminne. Es wird dir doppelt wert,
    Wenn eines wackeren Ritters treue Lieb' und Huld dir Gott
                                        beschert."

12. „O Mutter, laßt die Rede! Wie würde solches wahr?
    An wieviel armen Frauen ward es offenbar,
    Daß Liebe zujüngst mit Leide böslich lohnen kann.
    Meiden will ich beide. Dem Mißgeschick entgeh' ich dann."

II. Vom Hofe der Niederlande. Siegfrieds Schwertleite.

1. Im Reich der Niederlande wuchs ein Königskind,
    (Siegmund hieß sein Vater, die Mutter hieß Sieglind)
    In einer stolzen Feste, weit und breit bekannt,
    Da drunten an dem Rheine; Santen war die Burg genannt.

III. Wie Siegfried seine Minne auf Kriemhilden wandte.

2. Siegfried hieß er selber,   der junge schöne Mann,
So schön, das ich's mit Worten   euch nimmer sagen kann.
Stark, hoch und herrlich   erwuchs des Jünglings Leib;
Rechte Augenweide   bot er manchem holden Weib.

3. Nun war er in der Stärke,   die sich der Waffen freut
Und in Turnei und Kämpfen   dem Feind die Stirne beut.
Da lud sein Vater zu Hofe,   was man im Niederland,
Dazu in fremden Reichen   an jungen Edelsöhnen fand.

4. Da strömt zur Sonnenwende   herbei von fern und nah
So stolze Schar von Gästen,   wie man sonst nimmer sah.
Vierhundert Schwertknappen   sprengen in die Bahn,
Um mit Sieglindens Sohne   Rittersnamen zu empfahn.

5. Da hieß es kühn erproben   der Roß' und Arme Mark.
Der Buhurd ward im Schloßhof   Siegmundens also stark,
Daß man erdröhnen hörte   Kemnat' und Männersaal.
Lanzensplitter sausten   durch die Lüfte sonder Zahl.

6. Und aus dem Schildgespänge   stob mancher Edelstein,
Manch starker Buckel, zerschroten,   schoß tief ins Gras hinein.
Von Alten und von Jungen   geschah manch wilder Streich,
Doch keiner that es Siegfried,   dem jungen Königssohne, gleich.

7. Die Schwertleitfeier währte   bis an den siebenten Tag.
Hei, wie Sieglind der Gäste   nach alten Sitten pflag!
Die waren ihrem Sohne   gar hold und hätten gern
Dem jungen Recken gedienet   als ihrem König und Waffenherrn.

III. Wie Siegfried seine Minne auf Kriemhilden wandte.

1. Jung Siegfried mühten wenig   Kummer und Herzeleid.
Da ward ihm einstens Kunde,   daß eine schöne Maid
Bei den Burgunden lebte,   von süßer Wohlgestalt.
Die schuf ihm bald viel Wonne,   auch Müh' und Harm schuf
                sie ihm bald.

III. Wie Siegfried seine Minne auf Kriemhilden wandte.

2. Es lockte ihre Schöne herbei der Helden viel.
Worms, die Stadt am Rheine, ward stolzer Bewerber Ziel.
Kriemhild verschmähte sie alle, die ihre Augen sahn.
Noch war ihr fremd, dem freudig sie eigen ward und unterthan.

3. Nun kam die Zeit, wo Siegfried auf stäte Minne sann.
Da riet ihm seine Sippe und mancher andre Mann,
Um ein Weib zu werben, das seiner würdig sei.
„So nehm ich mir Kriemhilden," sprach der Recke kühn und frei.

4. „Die tugendsame Jungfrau im Burgundenland,
Die ist so schön und herrlich: es ist mir wohlbekannt,
Kein Kaiser ist so mächtig, ihm wär' es reicher Sold
Für minnigliches Werben, würd' ihm Utens Tochter hold."

5. Von dieser selben Rede vernahm Herr Siegemund;
Auch Frau Sieglinden ward sie durch Siegfrieds Leute kund.
Da bangte beiden höchlichst um ihr liebes Kind:
Sie kannten König Gunther, dazu sein trotzig Ingesind.

6. Da sprach der kühne Siegfried: „Viellieber Vater, fürwahr,
Ohne Frauenminne bleib' ich immerdar,
Erwerb' ich nicht zur Trauten, nach der mein Sinnen steht."
Was der auch reden mochte, es verhallte wie vom Wind verweht.

7. „Willst du davon nicht lassen," sprach der König drauf,
„So lob' ich deinen Willen; er habe seinen Lauf.
Ich will dir's enden helfen, so gut ich immer kann;
Doch hat der König Gunther manchen stolzgemuten Mann.

8. Und wär's auch keiner weiter als jener Hagedorn;
Der ist gar übermütig und hegt gar grimmen Zorn.
Drum fürcht' ich ohnemaßen, es werd' uns einst noch leid,
Daß wir werben wollen um die königliche Maid."

9. „Was schüf' uns Müh' und Sorge?" sprach Siegfried unerweicht:
„Was mein freundlich Bitten von ihnen nicht erreicht,
Das soll mir kühn erwerben die Stärke meiner Hand.
Von Gunther zu erzwingen hoff' ich Leute viel und Land."

III. Wie Siegfried seine Minne auf Kriemhilden wandte.

10. „Mit eigner Kraft mag keiner erwerben die edle Magd,"
So sprach der König Siegmund, „das ist mir wohl gesagt.
Begehrst du aber mit Recken zu reiten in Gunthers Land:
Was wir an Freunden haben, sie alle werden flugs besandt."

11. Das ist mir nicht zu Sinne," sprach der Held aufs neu,
„Daß wie zu einer Heerfahrt mir Recken kühn und treu
Zum Rheine folgen sollen. Es wäre mir gar leid,
Mit ihnen zu erzwingen die holde königliche Maid.

12. Allein auch kann sie erzwingen meine starke Hand;
Drum will ich nur selbzwölfter in König Gunthers Land;
So viel mögt Ihr mir geben, Vater Siegemund,
Und ihre Rüstung thue den Reichtum ihres Königs kund."

13. Drauf ging zur Kemenate der edle junge Mann.
Zur betrübten Mutter hub er freundlich an:
„Um mich sollt Ihr nicht weinen, vielliebe Mutter mein,
Sieglindens Sohn und Siegmunds darf ohne Furcht vor Feinden sein.

14. Und rüstet mich zur Reise ins Burgundenland,
Daß ich und mein Gefolge trage solch Gewand,
Wie also stolzen Recken es wohl geziemen mag.
Das wissen wir in Treuen Euch Dank an jedem neuen Tag."

15. „Willst du davon nicht lassen," versetzte Frau Sieglind,
„So rüst' ich dich zur Reise, mein traut und einzig Kind,
Mit den allerbesten Kleidern, die je ein Ritter trug,
Dich und deine Gefährten; haben sollt ihr die genug."

16. Nun ging es an ein Scheiden von Vater und Mutter zuletzt,
Siegfried sah beider Wange mit stillen Thränen benetzt.
Da sprach er freundlich tröstend: „Herzliebste Eltern mein,
Ohne Sorgen sollt ihr allzeit um mein Leben sein."

17. Besorgt gab mancher Recke und weinend manche Maid
Dem fernen Zug der Helden mit Blicken das Geleit.
Das Herz that ihnen sagen, die Reise schüfe Not;
Sie durften billig klagen: gar mancher Freund sank in den Tod. —

III. Wie Siegfried seine Minne auf Kriemhilden wandte.

18. Am siebenten Morgen ritten die Degen auf den Sand
Dort zu Worms am Rheine. Ihr ganzes Rittergewand
Prangte von rotem Golde, von Seiden Sattel und Zaum.
Die Rosse trabten zierlich; ihr Huf berührte den Boden kaum.

19. Der Schwerter Klingen reichten hinunter bis zum Sporn;
Auch führten sie lange Speere mit Spitzen scharf wie Dorn.
Siegfried führte einen von Spannenbreite mit,
Der an seinen Kanten wie kein zweiter grausam schnitt.

20. Wie blitzten die neuen Schilde im frühen Sonnenschein!
Wie sprühten die blanken Helme vom grünen Anger herein!
Da lief den Fremden entgegen gar mancher Königsmann;
Das Volk auf allen Wegen gaffte sie wie Wunder an.

21. Der Rosse der stolzen Gäste befliß sich mancher Gesell,
Sie in den Stall zu ziehen; doch Siegfried wehrte schnell:
„Laßt mir und meinen Mannen die Tiere ruhig stehn!
Ist man mir zu Willen, soll es bald von hinnen gehn.

22. Hat einer dessen Kunde, der mach' es mir bekannt,
Wo Gunther weilt, der reiche, der Herr in diesem Land."
Da sprach der Ritter einer: „So gehet nur hinan!
Ihr findet ihn im Saale mit manchem hochgemuten Mann."

Siegfried, von Hagen erkannt, der allerlei Wunderdinge von ihm zu erzählen weiß, wird von König Gunther aufs freundlichste willkommen geheißen. Gar schnell gewinnt er die Zuneigung aller. In den ritterlichen Spielen kann es ihm keiner gleich thun; verstohlen und voll Bewunderung schaut auch Kriemhild von dem Fenster ihres Gemaches seinen Thaten zu. Doch zu sehen bekommt er sie nicht, wie sehr er sich auch nach ihrem Anblick sehnt. Da schwindet seine trotzige Zuversicht, und voll Zagens verschweigt er, was ihn nach Worms geführt, länger als ein Jahr. Erst ein schwerer Krieg, womit die beiden mächtigen Sachsen- und Dänenkönige, Lüdeger und sein Bruder Lüdegast, das Burgundenreich bedrohen, sollte den Jüngling seinem Ziele näher führen. Wie er Gunthern so bekümmert sieht, erbietet er sich ihm, an der Spitze des Wormser Heeres die Friedensbrecher zu züchtigen.

IV. Wie Siegfried wider die Sachsen und Dänen stritt.

1. Bald stand wohl an der Marke   der Sachsen mit seinem Heer
Siegfried der wunderstarke.   Wie blitzte seine Wehr!
Das Volk nun that er Hagen   und Gernot anvertraun:
„So will ich selber reiten,   mir die Feinde zu beschaun."

2. Bald fand er ihre Scharen;   sie lagen auf dem Feld
Und wähnten, so stolzer Menge   stände nimmer ein Held.
Auf vierzigtausend und drüber   schätzte Siegfried sie.
Solches Anblicks freute   sein hoher Mut sich wie noch nie.

3. Nun hatt' auch von den Feinden   ein Recke sich aufgemacht
Zur Umschau nach den Wormsern;   mit Fleiße hielt er Wacht.
Den sah der Herre Siegfried   und ihn der kühne Mann.
Hei, wie einer den andern   mit Haß zu mustern flugs begann!

4. Ich sag' euch, wie sich nannte,   der drüben der Warte pflag,
Dem vor der Faust ein Breitschild   von lichtem Golde lag:
Es war der König Lüdegast,   den Seinen ein treuer Schutz.
Der edle Gast von Santen   ritt hervor in stolzem Trutz.

5. Nun hatt' auch ihn Herr Lüdegast   erkoren in wildem Zorn.
Den Bug ihrer Rosse   nahmen sie mit dem Sporn
Und neigten auf die Schilde   die Lanzen mit voller Kraft.
Da geriet der Dänenkönig   bald in großer Sorgen Haft.

6. Die gereizten Rosse trugen   die starken Recken geschwind
Im Speerprall vor einander,   als wehte sie der Wind.
Dann rissen sie ihre Hengste   herum mit Meisterkunst,
Und beide grimmen Kämpen   erprobten drauf der Schwerter Gunst.

7. Da schlug der Herre Siegfried,   daß rings das Feld erklang;
Dem harten Helm des Feindes   wie Feuerbränden entsprang
Ein heißer Funkenregen   unter des Recken Hand.
So mächtig stritt im Felde   der Schirmvogt aus dem Niederland.

IV. Wie Siegfried wider die Sachsen und Dänen stritt.

8. Da schlug auch ihm Herr Lüdegast   Schläge grimm und jach;
Hieb um Hieb traf beiden   die Schilde mit Gekrach.
Des Königs hüten bangend   der Seinen dreißig Mann;
Eh' die ihm helfen können,   trug Siegfried hohen Sieg vondann.

9. Das schufen drei tiefe Wunden,   die er dem König schlug
Durch seine lichte Brünne.   Wohl war die gut genug,
Doch Balmungs grause Schneide   entlockte Wunden Blut.
Da ward der König Lüdegast   gar traurig und gar kleingemut.

10. Er bat ihn um sein Leben,   er bot ihm all sein Land
Und that ihm kund, er wäre   Lüdegast genannt.
Da sprengten seine Recken   herzu: sie hatten gesehn,
Was von ihnen beiden   auf der Warte jüngst geschehn.

11. Kaum band der Held den König,   da ward er angerannt
Von jenen dreißig Mannen;   doch wahrte des Siegers Hand
Seinen stolzen Geisel   mit manchem wilden Hieb,
Der blutig tiefe Male   auf blühende Reckenleiber schrieb.

12. Die Dreißig bis auf einen,   fürwahr, die schlug er tot.
Den er am Leben gelassen,   der ritt in bittrer Not,
Den Seinen anzusagen,   was hier soeben geschehn.
Auch konnte man die Wahrheit   an seinem blutigen Helm ersehn.

13. Lüdegast der stolze   ward von Siegfrieds Hand
Zu Gunthers Schar geführet,   die harrend am Grenzwall stand.
Er übergab ihn Hagen;   die Recken kühn und gut,
Als sie den Namen hörten,   jauchzten alle hochgemut.

14. Siegfried sprach zu ihnen: „Nun laßt die Fahne wehn!
Wohl auf! im Sachsenlande   soll heut noch mehr geschehn.
Eh' die Sonne scheidet,   (behalt' ich Leben und Leib)
Schaffen wir noch Kummer   manches Helden jungem Weib."

15. Zu den Rossen eilte Gernot,   dazu sein ganzer Bann,
Und mächtig packte die Fahne   der kühne Fiedelmann.
Er ritt voraus; sie folgten   in heißer Kampfbegier;
Der Staub schwoll unter den Hufen   und schwärzte der Schilde
blanke Zier.

IV. Wie Siegfried wider die Sachsen und Dänen stritt.

16. Da kam nun auch der Sachsen   zornentbranntes Heer,
    Mit Schwertern wohl gewachsen   und andrer guter Wehr.
    Die Schwerter schnitten furchtbar   in dieser Recken Hand;
    Es galt den Fremden zu wehren   Heimatsburgen und Heimats-
    land.

17. Hagen und auch sein Neffe,   Volker und Gerenot,
    Die löschten in dem Kampfe   mit Strömen dunkelrot
    Gar manches Helmes Flammen;   man sah das warme Blut
    Über die Sättel fließen: so warb um Ehre der Männer Mut.

18. Siegfried bahnte mähend   durch der Sachsen Heer
    Sich eine breite Gasse;   die Garben sanken schwer.
    Ihm drängten nach die Zwölfe.   Dreimal ging der Schnitt
    Vom Anfang bis zur Wende,   wie reckenhaft der Feind auch stritt.

19. Da stieß der starke Lüdeger   auf den von Niederland
    Und sah mit kaltem Grausen   die Wunder seiner Hand.
    Drauf ward sein Zorn noch grimmer: gemeldet war ihm schon,
    Sein Bruder sei gefangen,   doch zieh man dessen Utens Sohn.

20. Nun hob sich wildes Getümmel   und lauter Schwerterklang,
    Da beider Kriegsgesinde   auf einander drang.
    Auch maßen die Fürsten selber   ihre Kunst und Kraft.
    Da wichen ihre Scharen;   ihr Haß entlud sich bärenhaft.

21. Die Schläge Lüdegerens,   so wuchtig war ihr Schwang,
    Daß ihm unterm Sattel   sein Grauroß strauchelnd sank;
    Doch sprang es auf vom Boden,   (wie Hagel stob der Kies)
    Eh' Siegfried auch an jenem   seinen grimmen Brauch erwies.

22. Aufs neue sprengten beide   wider einander an.
    Dicht drängte sich Roß mit Rosse,   Mann dicht mit Mann;
    Da zerhieb das Schildgespänge   dem Sachsen Siegfrieds Hand.
    Der stierte dem fremden Sieger   auf sein Gewaffen unverwandt.

23. Da sah der Herre Lüdeger   auf Siegfrieds breitem Schild,
    Von dessen Hand gezeichnet,   einer Krone Bild.
    Nun wußt' er, daß es wäre   der Held von Niederland;
    Er rief mit lauter Stimme   seinen Freunden allzuhand:

V. Wie Siegfried Kriemhilden zuerst sah.

24. „Begebet euch des Sturmes, Sipp' und Ingesind!
    Mein Aug' hat hier gesehen Siegemundens Kind;
    Von Niederland den Starken hab' ich hier erkannt.
    Ihn hat der böse Teufel her ins Sachsenreich gesandt."

25. Die Fahnen ließ man nieder, vom Sturme ruhte das Schwert.
    Der König bat um Frieden, der ward ihm gern gewährt;
    Doch er auch mußte werden Gunthers Geisel am Rhein.
    Das alles hatt' erzwungen Siegfrieds starker Arm allein.

Einen der Boten, die man mit der Siegeskunde nach Worms voraufsendet, läßt Kriemhild heimlich zu sich rufen; seinen Bericht über Siegfrieds Thaten vernimmt sie mit Entzücken und erglühendem Angesicht. Eine glänzende Siegesfeier wird von Gunther beschlossen.

V. Wie Siegfried Kriemhilden zuerst sah.

1. Nun sah man täglich Fremde reiten an den Rhein,
   Die gern beim Festgelage zugegen wollten sein.
   Den Königen auch zuliebe kamen sie ins Land.
   Schon hatte man den Gästen Gestühl errichtet auf dem Sand.

2. Auch rührte sich gar wacker der junge Giselher:
   Die Fremden und ihre Sippe (des kannt' er keine Beschwer)
   Empfing er freundlich grüßend, er und Gernot,
   Samt ihrer beider Mannen, wie ihnen Ehr' und Zucht gebot.

3. So zogen auf die Pfingsten fünftausend oder mehr,
   Zu Augenlust gekleidet, von weit und breit daher.
   Jubel ohnemaßen scholl durchs ganze Land,
   So daß in diesen Tagen man nirgend ein grämlich Antlitz fand.

4. Dem Wirt ging durch die Sinne, (er hatt' es wohl erkannt)
   Wie recht aus Herzensgrunde der Held von Niederland
   Seine Schwester liebte, die er doch nie geschaut.
   Doch pries ob ihrer Schöne man sie vor allen Mägdlein laut.

V. Wie Siegfried Kriemhilden zuerst sah.

5. Gunther sprach: „Nun ratet, ihr Freunde Mann für Mann,
Wie man das Festgelage so wonnig gestalten kann,
Daß man in späteren Tagen darob uns nimmer schilt.
Man sieht zuletzt am Lobe, was jedes Werk den Menschen gilt."

6. Da sprach der Degen Ortwin: „Wollt Ihr vom Gelag
Die vollsten Ehren gewinnen, die man nur ernten mag,
So heißet, daß sich zeigen die holden Mägdlein all;
Von ihren reichen Ehren geht durch Burgund ein lauter Schall.

7. Was wäre Mannes Wonne, sein Trost auf Erden hier,
Wenn nicht ein süßes Mägdlein, ein Weib voll stolzer Zier?
Auch Eure Schwester erscheine in Eurer Gäste Kreis."
Der Rat schuf manchem Degen gar hohe Freude, wie ich weiß.

8. „Das will ich gern befolgen," sprach der König drauf.
Schnell nahm durch Mannen und Gäste die Zeitung ihren Lauf.
Auch brachte man Frau Uten und der Tochter das Geheiß,
Sie sollten mit ihren Mägdlein erscheinen in der Recken Kreis.

9. Da ward nun aus der Lade geholt manch Festgewand,
Und was man in der Truhe an lichtem Schmucke fand,
An Spitzen und an Spangen: das lag in Fülle bereit.
Wie wonnesam sich zierte gar manche stattlich schöne Maid!

10. Da gab der stolze König der Schwester ein Geleit,
Der Schwester und der Mutter; ihrem Dienst geweiht
Wurden hundert Mannen, mit Schwertern in der Hand;
Das war das Hofgesinde der Herren von Burgundenland.

11. Von Utens Kemenate begann der stolze Zug.
Das war ein Drängen und Schauen! Der Recken waren genug,
Die süßes Hoffen nährten, es könne wohl geschehn,
Kriemhilden aus der Nähe in ihrem Jugendmut zu sehn.

12. Nun kam die Minnigliche, gleichwie das Morgenrot
Aus trüben Wolken leuchtet. Da wußte nichts von Not,
Der sie so lang im Herzen getragen mit stillem Leid:
Jetzt stand vor seinen Augen die hohe, wundervolle Maid.

V. Wie Siegfried Kriemhilden zuerst sah.

13. Von ihrem Gewande sprühte gar mancher Edelstein,
Und o, wie süß und rosig war ihrer Wange Schein!
Auch wer das Höchste suchte, mußte doch gestehn,
Daß er so große Schönheit auf dieser Erde nie gesehn.

14. Wie vor dem Mond dem lichten der Sterne Chor sich neigt,
Wenn er in lautrem Glanze der Wolkennacht entsteigt,
So neigte sich vor Kriemhilden gar manche edle Frau.
All den stolzen Helden schwoll das Herz ob solcher Schau.

15. Siegfried dachte sehnend: „Wie fügte das sich je,
Daß ich dich minnen sollte, wie ich gehofft in Weh?
Soll ich dich aber meiden, so wär' ich lieber tot."
Drob trug er still im Herzen Liebeslust und Liebesnot.

16. Da stand der Minnigliche, der Held von Niederland,
Als hätt' ihn eines Meisters kunstgeübte Hand
Auf Pergament entworfen: man mußte wohl gestehn,
Daß also stolzen Helden man in der Welt noch nie gesehn.

17. Da sprach zu König Gunther der Herre Gernot:
„Dem Recken, der so freundlich Euch seine Dienste bot,
Dem müßt Ihr, lieber Bruder, vor allen Degen hier
Ehr' und Glimpf erweisen. Dieser Rat frommt Euch und mir.

18. Heißt den Sohn Sieglindens, (das ist gar wohl gethan)
Heißt den edlen Siegfried unserer Schwester nahn.
Die nie noch Recken grüßte, sie biet' ihm Gruß und Hand.
Das schafft uns bald zum Freunde den stolzen Degen von
  Niederland."

19. Als des Wirtes Sippe dem Gaste dies entbot,
Da trug er eitel Wonne sonder Weh und Not.
Sollt' er doch nun schauen das wundersüße Kind.
Holdseliger Gruß in Züchten ward dem Sohne der Sieglind.

20. Nun ging es zu dem Münster. Voran wohl schritt Kriemhild.
Wie wonnesam erstrahlte das holde Frauenbild!
Manch kühner Wunsch erfüllte auch dort der Recken Brust.
Umsonst! doch vielen Augen schuf sie süße Weid' und Lust.

VI. Wie Gunther um Brunhilden warb.

21. Viel zu lange dünkte Siegfrieden der Gesang.
Ob seinem reichen Glücke empfand er eitel Dank,
Daß die ihm so gewogen, die er im Busen trug,
Und deren holder Schöne sein Herz mit Recht entgegenschlug.

22. Als sie das Münster verlassen, da bot er der schönen Maid
Aufs neue mit Verneigen sein ritterlich Geleit.
Da hub die Minnigliche dem Helden zu danken an,
Daß er vor allen Mannen im Kampf so reichen Sieg gewann.

23. „Nun lohn' Euch Gott, Herr Siegfried," sprach das liebe Kind,
„Was Ihr um uns verdienet! In Treuen hold gesinnt
Sind Euch die Recken alle, wie selber sie laut gestehn."
Da thät er mit Entzücken der Maid ins süße Antlitz sehn.

24. „Euren Freunden dienen will ich immerdar,
Und nimmer leg' ich früher mein Haupt zur Ruh fürwahr,
Als bis ich mir nach Wunsche ihre Huld gewann.
Doch Eurer Huld zuliebe geschah zumeist, was ich begann."

VI. Wie Gunther um Brunhilden warb.

1. Es war eine junge Königin, die saß wohl über See;
Von allen, die man kannte, glich ihr keine je:
Schön war sie über die Maßen, und groß war ihre Kraft:
Sie schoß mit starken Degen um ihrer Minne Lohn den Schaft.

2. Den Stein auch warf sie mächtig und sprang ihm nach gar weit.
Wer sie zum Weib begehrte, die hochgeborne Maid,
Der mußt' ihr abgewinnen drei Spiele sonder Wank.
Mißlang ihm auch nur eines, verlor er flugs das Haupt zum Dank.

3. Einst saß der König Gunther mit seinen Mannen im Saal;
Da ward mit Fleiß ermessen zum zweiten und dritten Mal,
Wen einst ihr Herr sich möchte zu seinem Weib ersehn,
Sich selber und seinem Lande zu hohem Ruhm und Wohlergehn.

4. Da sprach der Vogt vom Rheine: „Ich will hinab zur See,
Hinüber zu Brunhilden, es gehe, wie es geh'.
Um ihre stolze Schönheit wag' ich Leben und Leib;
Die will ich gern verlieren, gewinn' ich jene nicht zum Weib.

5. Willst du mir helfen, Siegfried? Wohl hält es grimmig schwer,
Die Holde zu erwerben. Erfüllst du mein Begehr,
Und wird die stolze Jungfrau als traute Gattin mein,
So setz' ich Ehr' und Leben auch zu deinem Frommen ein."

6. Darob versetzte Siegfried: „Was auch fügt die Zeit,
Versprich mir deine Schwester: so bin ich dienstbereit.
Kriemhild, die schöne Jungfrau, die Fürstin hoch und hehr —
Für alle Mühen trag' ich nach keinem weitern Lohn Begehr."

7. „Dies gelob' ich, Siegfried, dir treulich in die Hand;
Und kommt Brunhild die schöne hierher in dieses Land,
So geb' ich meine Schwester dir gern zum Ehgemahl.
An der Holden Seite erblühn dir Wonnen ohne Zahl.

8. Doch sag' mir, Degen Siegfried, bevor die Fahrt beginnt:
Auf daß mit vollen Ehren wir ausgerüstet sind,
Geziemt dazu Gefolge für Brunhildens Land?
Zweitausend edle Ritter sind für die Meerfahrt schnell besandt."

9. „Wir fahren in Reckenweise, so rat' ich, den Rhein zuthal;
Dieser Fahrt Genossen, ich nenn' Euch ihre Zahl:
Nur zwei noch Eurer Mannen sollen mit uns gehn.
Wir vier gewinnen die Jungfrau, was uns auch Übles mag
        geschehn.

10. Ihr selber seid der eine, ich will der zweite sein;
Hagen sei der dritte; so muß es uns gedeihn;
Der vierte sei Herr Dankwart; gar stark ist seine Hand.
Uns vieren hielten im Streite selbst tausend Helden nimmer
        stand."

11. Auf die Fahrt nahm Siegfried die Nebelkappe mit,
Die einst der kühne Recke mit großer Not erstritt
Von Albrich, dem Gezwerge, wie euch schon angesagt.
Da schickten sich zur Reise die stolzen Helden unverzagt.

VI. Wie Gunther um Brunhilden warb.

12. Goldrote Schilde trug man   den Recken auf den Sand
Und schaffte zu dem Ufer   ihr Rüst- und Prunkgewand;
Auch ihre Rosse führte   man in des Schiffes Bau.
Da hub sich lautes Weinen   und Klagen von mancher schönen Frau.

13. Indes am Fenster weilte   manch minnigliches Kind,
Da schwellte des Schiffes Segel   ein günstig frischer Wind.
Die stolzen Fahrtgenossen   betraten flugs den Rhein.
Da rief der König Gunther: „Wer soll nun Rudermeister sein?"

14. Da sprach der starke Siegfried: „Ich kann Euch sicher und gut,
Das wißt, von hinnen führen   auf der breiten Flut.
Die rechten Wasserstraßen   sind mir wohlbekannt."
Da schieden die kühnen Helden   mit Freuden vom Burgundenland.

15. Der Fürst vom Niederlande   schob vom Strand das Schiff
Langsam mit der Schalte,   die seine Faust ergriff.
Gunther selbst, der kühne,   schwang des Ruders Blatt.
So hoben sich fröhlichen Mutes   die mächtigen Recken von der Statt.

16. Sie führten gute Speise,   dazu den besten Wein,
Der irgendwo nur reifte   am sonnig grünen Rhein.
Die starken Taue straffte   des Segeltuches Macht;
Sie fuhren manche Meile   bis zum Dunkel der stillen Nacht.

17. Zwölf volle Tage vergingen,   wie wir berichtet sind:
Da waren sie zum Ziele   getragen von gutem Wind,
Zum fernen Isensteine,   wohl in Brunhildens Land;
Das war allein nur Siegfried   aus früheren Tagen wohl bekannt.

18. Der sprach: „Ich rat' euch Helden,   (so bedünkt mich's gut)
Daß ihr vor Brunhilden   die gleiche Rede thut:
Gunther sei mein Herre,   und ich sein Eigenhold.
So erntet unsre Mühe   von jener den erwünschten Sold."

19. Inzwischen war allmählich   das Schiff der Burg genaht;
    Da sah der König Gunther,   der auf den Vorbug trat,
    Droben an den Fenstern   gar manches schöne Weib.
    Er lugte keck hinüber;   das schuf dem Helden Zeitvertreib.

20. Nun zogen sie ihre Rosse   aus dem Schiff zumal;
    Schneeblank war ihre Farbe,   der Brustriem zierlich schmal;
    Kleine Schellen hingen   von rotem Gold daran.
    So ritten die kühnen Helden   zur Feste der Brunhild hinan.

21. Sechsundachtzig Türme   stiegen daraus empor,
    Auch schimmerten drei Paläste   und eine Halle hervor;
    Die war von Marmelsteine,   so grün wie junges Gras,
    Darin Brunhild die stolze   mit ihrem Hofgesinde saß.

22. Das Thor stand weit geöffnet,   die Burg war aufgethan.
    Da sahen sie in Eile   Brunhildens Mannen nahn.
    Die hießen die vier willkommen   in ihrer Herrin Land
    Und führten vor die Königin   die fremden Recken allzuhand:

23. „Seid mir willkommen, Siegfried,   in meinem Land und Reich!
    Was Eure Fahrt bedeute,   das meldet mir sogleich."
    Der sprach: „Vor diesem Recken,   der vor Euch steht allhier,
    (Er ist mein Herr und König)   mindert den Zoll der Ehre mir!

24. Er ist am Rhein geboren   und thut Euch solches kund:
    Nur um Euretwillen   betrat er diesen Grund.
    Ihn lüstet Eurer Minne,   was ihm auch geschicht.
    Bedenket dies beizeiten;   mein Herr thut nimmer auf Euch
                                                      Verzicht."

25. Drauf sprach der König Gunther: „Fürstin hoch und hehr,
    Erteilt nun Eure Befehle;   und wär' es selbst noch mehr,
    Gern bestünd' ich alles   um Eurer Minne Sold;
    Mein Haupt auch will ich wagen,   bis Ihr als Weib mir
                                                      folgen wollt."

26. Kaum hatte sie vernommen   dies also stolze Wort,
    Da betrieb mit Ungestüme   die Spiele sie sofort:
    Sie hieß ihr schleunig bringen   ihr gutes Streitgewand,
    Ihre feste Brünne   und ihres Schildes starken Rand.

VI Wie Gunther um Brunhilden warb.

27. Inzwischen war in Listen Siegfried unverweilt,
Bevor es jemand merkte, zum Schiff hinab geeilt,
Worin die Tarnkappe er weislich hielt versteckt.
Flugs war er eingeschlossen; da hätt' ihn auch kein Falk entdeckt.

28. Er eilte drauf zurücke und fand der Recken viel
Am Platze, den die Königin ersehn zum kühnen Spiel.
In seinen hohen Listen trat er heimlich nah,
So daß im ganzen Kreise von allen ihn nicht einer sah.

29. Der Ring war nun geschlossen: sechshundert Recken und mehr,
Zum Richterspruch berufen, standen in blanker Wehr.
Auch war Brunhild gekommen, die man gewappnet fand,
Als ob sie kämpfen sollte um aller Könige Volk und Land.

30. Ihr Schild maß unter den Buckeln, wie ihr vernehmen sollt,
Wohl dreier Hände Dicke und war von Stahl und Gold,
So schwer, daß kaum selbvierter ihr Kämmrer diesen trug.
Die Jungfrau wollt' ihn führen; die hatte Kraft dazu genug.

31. Als der starke Hagen den Schild bringen sah,
In seinem großen Unmut sprach der Tronjer da:
„Wie nun, König Gunther? Das geht uns an den Leib!
Die Ihr zur Minne begehret, die ist fürwahr des Teufels Weib!"

32. Dann brachten mit Not drei Männer der Jungfrau einen Ger;
Den schoß sie zu allen Zeiten, so lang er war und schwer.
Dick, fest und knorrig, und scharf war dieser auch;
Der übte mit seinen Schneiden im Fleisch des Gegners grimmen Brauch.

33. Zu Gunther sprach wohl Dankwart, ein Held von kühner Art:
„Mir schafft sie ewig Reue, diese Minnefahrt.
Bis heute hießen wir Recken; nun geht's uns an den Schopf;
Hier soll man gar durch Weiber verderben wie ein Schelm und Tropf!"

VI. Wie Gunther um Brunhilden warb.

34. Bald ward Brunhildens Stärke   mehr noch offenbar:
Sie brachten einen Marmelstein   auf die Kampfstatt dar,
Dick, fest und wuchtig: zwölf Recken stark und kühn
Schleppten den schweren, runden,   kaum herbei mit heißem
Bemühn.

35. „Was soll das werden?" so dachte   Gunther in seinem Sinn;
„Der Teufel aus der Höllen   wäre selbst dahin!
Wär' ich mit Leib und Leben   wieder drüben am Rhein:
Sie sollte hier sein lange   vor meiner Minne sicher sein."

36. Auf strich sie an den Armen,   den schimmernden, ihr Gewand
Und ergriff den Schild behende   mit ihrer linken Hand;
Hoch schwang den Ger die Rechte;   da ging es an den Streit;
Brunhildens Zorn schuf Gunthern   und seinen Mannen Angst
und Leid.

37. Wär' Siegfried ihm, der starke,   nicht schnell mit Hilfe genaht,
So war hier seines Lebens   fürwahr nicht länger Rat.
Doch Siegfried nahte verstohlen   und berührt' ihm seine Hand,
So daß der bangende König   seine List mit Lust empfand.

38. „Den Schild gieb mir zu Händen,   ich trotze seinem Gewicht;
Und merk' auf alle Lehren,   die meine Zunge spricht!
Du führe die Gebärden,   das Werk will ich bestehn."
Dem König Gunther konnte   kein besserer Herzenstrost geschehn.

39. Da schoß mit vollen Kräften   die wunderstarke Maid
Den Ger nach einem Schilde,   der war gar hoch und breit;
Den trug in seiner Linken   der Sohn der Siegelind.
Dem Stahl entsprühten die Funken,   als blies' ins Feuer ein
scharfer Wind.

40. Des mächtigen Geres Schneide   durchbrach den guten Schild;
Auch aus den Panzerringen   lohten die Funken wild.
Die starken Recken beide   strauchelten von dem Schuß;
Sie lagen betäubt am Boden,   als nahte schon des Lebens
Schluß.

VI. Wie Gunther um Brunhilden warb.

41. Dem kühnen Siegfried stürzte aus dem Munde das Blut,
Doch bald sprang auf die Füße der Held in grimmem Mut;
Er packte den Schaft, den jene ihm durch den Schild gesandt;
Den warf er ihr zurücke mit seiner riesenstarken Hand.

42. Dem Stahl entstob das Feuer, als trieb' es ein Wirbelwind:
So mächtigen Schuß vollführte der Sohn der Siegelind.
Brunhildens Stärke konnte dem Schuß nicht widerstehn.
Fürwahr, von König Gunther wär' nimmer solches Werk geschehn.

43. Hei, wie Brunhild die schöne rasch vom Boden sprang!
„Gunther, edler Ritter, des Schusses habe Dank!"
Von Zorn gerötet hob sie den Stein hoch empor
Und schwang ihn weit von hinnen. Wer sah je gleichen Wurf zuvor?

44. Der Steinblock war geflogen zwölf volle Klafter weit,
Doch überholt' im Sprunge den Wurf die schöne Maid.
Da schritt Herr Gunther zur Stelle, wo der Steinblock lag;
Er that, als ob er ihn schwänge, dieweil der Held des Wurfes pflag.

45. Siegfried war voll Kühnheit, auch hoch und stark genung:
Er warf den Stein noch weiter und that noch längeren Sprung.
Es war ein großes Wunder, was seiner Kunst gelang:
Daß er zugleich im Sprunge den König Gunther mit sich schwang.

46. Da rief zu ihren Mannen die Königin zuhand,
Als Gunther wohlbehalten am Ende der Kampfbahn stand:
„Ihr Sippen und Gesinde, ihr sollt in Züchten nahn:
Ihr werdet König Gunthern allzumal heut unterthan."

47. Da legten die kühnen Degen die Waffen schnell beiseit
Und beugten ihre Kniee in Unterthänigkeit
Vor dem Burgundenkönig, sie alle Mann für Mann:
Sie wähnten, daß Herr Gunther die Spiele mit eigner Kraft gewann.

VI. Wie Gunther um Brunhilden warb.

48. Er begrüßte sie in Hulden,   an edlem Mute reich.
Drauf nahm ihn bei der Rechten   die Jungfrau alsogleich
Und führte König Gunthern   in einen weiten Saal:
„Nun ist die Herrschaft Euer   ob meinen Landen allzumal."

49. Inzwischen hatte Siegfried   (der pflag gar weiser Art)
Die Tarnkappe wieder   im Schiffe schnell verwahrt.
Dann lief er heim zur Halle   und mischte sich ins Gedräng
Der Ritter und der Frauen,   für die der Festsaal schier zu eng.

50. „Das nenn' ich frohe Märe!   Frau Königin, fürwahr:
Eurem stolzen Mute   ward wundergute Lahr:
Daß doch ein Held noch lebe,   Euch Herr und Meister zu sein.
Nun müßt Ihr, edle Jungfrau,   uns fürbaß folgen an den Rhein."

51. Tausend kühne Mannen   aus ihrem Hofgesind,
Dazu an hundert Frauen   und manches holde Kind,
Die führte sie mit von hinnen   nach Burgundenland.
Lautes Weinen erhoben,   die sie zurücke ließ am Strand.

52. Auf der Fahrt ertönte   manches frohe Spiel;
Der Kurzweil auf den Fluten   hatten sie gar viel.
Da kam zu ihrer Reise   ein rechter Wasserwind.
So glitten sie heitren Mutes   durch die Wogen leicht und lind.

Siegfried eilt auf Gunthers Bitte voraus, um Uten und Kriemhilden das Nahen des Brautpaares zu melden und einen würdigen Empfang desselben zu veranlassen. Des Wiedersehens im tiefsten Herzen froh stehen sich Königssohn und Königstochter still beseligt gegenüber. Glänzend wird Brunhild in Worms empfangen, und glänzend die Hochzeit Gunthers und Brunhildens gefeiert. Da mahnt Siegfried den König an seinen früheren Schwur: Kriemhild wird alsbald herbeigerufen und mit Siegfried vermählt. Doch schon während dieser Doppelfeier keimt in Brunhildens Seele der Neid gegen die Schwägerin empor: sie weint beim Anblick der beiden, angeblich aus Mitleid mit Kriemhilden, daß sie einem bloßen Lehensmanne ihres königlichen Bruders in nicht ebenbürtiger Ehe verbunden sei, in Wahrheit aber, weil sie ihrer Schwägerin einen so herrlichen und allen überlegenen Gatten mißgönnt. —

VII Wie die beiden Königinnen mit einander stritten.

Nach der Hochzeit zieht Siegfried mit seinem Weibe in seine Heimat Santen, wo beide von Siegmund und Sieglind aufs herzlichste empfangen werden. Siegmund tritt an den Sohn Krone und Land ab, und der junge König weiß sich durch strenge Gerechtigkeit alsbald die allgemeinste Liebe und Ehrfurcht zu erwerben. Im zehnten Jahre beschenkt ihn Kriemhild mit einem Sohne, den sie dem Oheim zu Ehren Gunther benennen. Sie leben im sonnigsten Glücke, und Siegfried, der über die Niederlande und über das Nibelungenreich in Norwegen zugleich regiert und über den unermeßlichen Nibelungenhort verfügt, gilt als der mächtigste und reichste König. — Indessen fühlt sich die stolze Brunhild in ihrer Ehre gekränkt, daß Siegfried mit seiner Gattin in der ganzen Zeit nicht ein einziges Mal bei Hofe erschienen ist und seine vermeintliche Vasallenpflicht gänzlich versäumt hat. Auf ihr Drängen lädt Gunther die beiden für den nächsten Sonnenwendtag zu einem großen Feste nach Worms ein. Sie leisten der Einladung freudig Folge; auch der alte Siegmund — Sieglind ist inzwischen schon gestorben — schließt sich ihnen an; der kleine Gunther bleibt zurück. In Begleitung eines stolzen Heergefolges von tausend Edlen ziehen sie in argloser Fröhlichkeit zum Burgundenhofe, wo ihrer ein glänzender Empfang wartet. Doch bei dem Festspiel, das am folgenden Tage veranstaltet wird, entbrennt zwischen den beiden Königinnen ein verhängnisvoller Streit über den Vorrang ihrer Gatten.

VII. Wie die beiden Königinnen mit einander stritten.

1. Es war zur Zeit der Vesper: in den Burghof sprengten jach
Zum Spiel die besten Ritter.   Die Häuser samt dem Dach
Hielten, um zu schauen,   Menschen dicht besetzt.
Es eilten auch die Frauen   zu des Saales Fenstern jetzt.

2. Bei einander saßen   die Königinnen dort;
Zween lobesame Recken   pries ihr Wechselwort.
Da sagte Frau Kriemhilde: „Ein Ehgemahl ist mein:
Alle diese Reiche   sollten ihm zu Händen sein."

3. Brunhilde gab zur Antwort: „Das ginge leichtlich an,
Wenn niemand weiter lebte als du nur und dein Mann;
Dann könnten ihm die Reiche wohl sämtlich unterstehn.
Doch lebet noch Herr Gunther; drum kann es nimmermehr
geschehn."

4. Da sprach Kriemhild aufs neue: „So schau nur, wie er steht!
Wie fürstlich und wie stattlich er vor den Recken geht!
Gleichwie der lichte Vollmond vor allen Sternen glänzt.
Drum ist mit Fug die Freude meines Herzens unbegrenzt."

5. Da sprach des Hauses Herrin: „Wie stattlich auch dein Mann,
Wie schön er auch und wacker, doch steht ihm weit voran
(Bekenn' es nur!) Herr Gunther, der edle Bruder dein.
Der muß an Preis und Ehren aller Fürsten erster sein."

6. Kriemhilde gab zur Antwort: „So herrlich ist mein Mann,
Daß ich ihn über Gebühren nimmer preisen kann.
Ihn schmückt so hohe Tugend, er ist so ehrenreich:
(Gesteh es nur, Brunhilde!) er ist wohl Gunthern völlig gleich."

7. „So trag es mir im Bösen, Kriemhilde, nimmer nach,
Dieweil ich über Gebühren kein einzig Wörtlein sprach.
Hört' ich's doch von beiden, als ich zuerst sie sah,
Dort, wo des Königs Wille im Widerspiel mit mir geschah,

8. Und wo er meine Minne so ritterlich gewann.
Daselbst bekannte Siegfried, er sei des Königs Mann.
Drum acht' ich ihn als hörig; er selber thät's gestehn."
Da rief Kriemhild: „O wehe, so wär' ein Übel an mir geschehn!

9. Wie hätten das betrieben die edlen Brüder mein,
Daß ich eines Eigenholds Liebste sollte sein?
Drum bitt' ich dich, Brunhilde, mit freundlich gutem Wort,
Laß mir solche Rede und übe Fug und Zucht hinfort!"

10. Da sprach das Weib des Königs: „Die Rede laß' ich nicht.
Wie thät' ich solcher Recken im Leben je Verzicht,
Die uns gleich deinem König zu Diensten unterthan?
Mich kränkt, daß ich von Siegfried so lange keinen Zins
empfahn."

VII. Wie die beiden Königinnen mit einander stritten.

11. „Du mußt schon drauf verzichten, daß er zu Dienst und Ehr'
    Im Leben je dir nahe. Wie er so hoch und hehr
    Ist Gunther nicht, mein Bruder. Drum warte nicht zu lang,
    Daß er von seinen Landen Zins dir sende zum Empfang."

12. Da sprach das Weib des Königs: „Du reckst zu hoch dich auf.
    Nun lüstet's mich zu sehen noch in des Tages Lauf,
    Ob dir man solche Ehren wie mir erweisen thut."
    Die Frauen alle beide hegten zornig heißen Mut.

13. Da sagte Frau Kriemhilde: „Es sei, wie dir behagt!
    Dieweil du meinem Gatten Freiadel hast versagt,
    So sollen noch heut die Mannen beider Könige sehn,
    Ob vor dem Weib des Königs ich wag' ins Münster einzugehn."

14. Da sprach Brunhild aufs neue: „Du willst nicht hörig sein?
    Nun wohl, so mußt du drüben von meinen Mägdelein
    Dich trennen mit deinen Frauen, wann wir zum Münster gehn."
    „Fürwahr," so sprach Kriemhilde, „das soll nach deinem Wunsch geschehn."

15. „Nun schmücket euch, ihr Maide!" rief Siegfrieds Weib zuhand,
    „Bestehen ohne Schande muß ich hier zu Land.
    Beweist an euren Gewändern, ob ihr die Prüfung scheut!
    Ich füg' es, daß Brunhilden, was sie gesprochen, von Herzen reut."

Am Münster treffen die entzweiten Schwägerinnen an der Spitze ihres Gefolges wieder zusammen. Brunhild erneuert ihren Tadel, den Kriemhild mit entehrender Schmähung zurückgiebt, worauf sie zuerst das Gotteshaus betritt. Nach der Messe entbrennt der Streit in immer gehässigeren Beschuldigungen zum dritten Male, bis schließlich beide Gatten eingreifen, um ihm zu steuern. Doch zu spät.

VIII. Wie Siegfried verraten ward.

1. Manch schöne Frauen wurden   durch Rede schon entzweit.
Brunhilden nun bedrückte   so große Traurigkeit,
Daß Gunthers Recken Erbarmen   empfanden allzumal.
Bald trat Herr Hagen von Tronje   zu seiner Herrin in den Saal.

2. Zu Rate kam auch Ortwin,   dazu Herr Gerenot,
Um dort sich zu bereden   über Siegfrieds Tod.
Ingleichen kam Herr Giselher,   Frau Utens edler Sohn.
Der hörte kaum die Reden,   da sprach er voller Güte schon:

3. „O weh, ihr guten Mannen!   warum betreibt ihr das?
Wahrlich, nie verschuldet   hat Siegfried solchen Haß,
Daß er verlieren müßte   sein Leben und seinen Leib.
Fürwahr, es ist gar nichtig,   warum oft zürnet Weib mit Weib."

4. „Soll Schimpf und Schmach hier wuchern?"   versetzte Hagen drauf.
„Da gewännen gute Degen   an Ehren kleinen Kauf.
Daß meine liebe Herrin   er frech gelästert hat,
Das geht ihm an sein Leben;   sonst sterb' ich lieber an seiner Statt."

5. Drauf fiel der Metzer Degen,   Ortwin, kühnlich ein:
„Traun, selbst die große Stärke   soll nimmer ihm Schutz verleihn.
Wenn mir's mein Herr gestattet,   reut jenen noch sein Wort."
So unverdiente Fehde   schwuren die Degen Siegfried dort.

6. Noch stand man ab vom Werke,   doch Hagen hielt nicht Ruh;
Zu allen Zeiten sprach er   König Gunthern zu,
Wenn Siegfried jetzo stürbe,   so hätt' er des Gewinn
An vielen Königslanden.   Gar traurig ward des Helden Sinn.

7. Er sprach: „Laßt endlich fahren   den mordbereiten Zorn!
Siegfried ward uns allen   ein Ehren= und Segensborn.
Auch trägt so grimme Kühnheit   der wunderstarke Mann:
Würd' er dessen inne,   so lief' ihn wahrlich niemand an."

VIII. Wie Siegfried verraten ward.

8. „Nicht doch!" sprach da Hagen; „Ihr dürft schon ruhig sein:
Ich kenne gute Listen und richt' es heimlich ein,
Daß er Brunhildens Thränen noch bitterlich beklagt.
Von Hagen ist ihm Fehde mit Recht für immer angesagt."

9. Da sprach der König Gunther: „Wie könnte das geschehn?"
Zur Antwort gab ihm Hagen: „Ich will es Euch gestehn:
Wir dingen fremde Boten, die keinem hier bekannt;
Mit offner Kriegserklärung reiten die in unser Land.

10. Dann saget vor den Gästen, Ihr wollt mit Eurem Bann
Auf die Heerfahrt ziehen. Er gelobt alsdann
Die Fahrt mit Euch zu teilen. Das bringt ihn um den Leib.
Den Ort, wo er verwundbar, erfahr' ich wohl von seinem Weib."

11. Weh, der König folgte Hagen, seinem Mann!
Untreue groß und schimpflich stiften Recken an,
Auserwählte Recken, bevor es einer gedacht!
Zweier Frauen Hader hat vielen Degen den Tod gebracht.

12. Am vierten Morgen sah man zweiunddreißig Mann
Vom Rhein zu Hofe reiten. Man sagte Gunthern an,
Dem länderreichen König, die Boten brächten Streit.
Der Trug schuf vielen Frauen das allergrößte Herzeleid.

13. Die Boten thät er begrüßen und hieß sie sitzen gehn;
Doch deren einer sagte: „Herr König, laßt uns stehn,
Bis wir die Mären gemeldet, die Euch entboten sind.
Fürwahr, Ihr habt zum Feinde, das wisset, mancher Mutter Kind.

14. Fehde sagt Euch Lüdegast und Lüdeger auch an.
Bald reiten in Eure Lande mit ihrem ganzen Bann,
Denen Ihr vor Zeiten so bittres Leid gethan."
Der König begann zu zürnen, als hätt' er neue Mär' empfahn.

15. Gunther pflag nun heimlich mit seinen Freunden Rat.
Keine Ruhe ließ ihm Hagen früh und spat.
Noch hätt' es gern geschlichtet so mancher Königsmann,
Doch nimmer ließ Herr Hagen vom bösen Rat, den er ersann.

VIII. Wie Siegfried verraten ward.

16. Da einst sie also heimlich   Siegfried reden fand,
    Da hub er an zu fragen,   der Held von Niederland:
    „Was trübt so sehr dem König   und seinem Gesind den Mut?
    Hat jemand ihn beleidigt,   so soll er's büßen mit seinem Blut."

17. Da sprach der König Gunther: „Mit Fug wohl trag' ich Leid:
    Lüdegast und Lüdeger   bedräuen mich mit Streit.
    Sie wollen in offner Fehde   reiten in mein Land."
    Da sprach der kühne Degen: „Verlasset Euch auf Siegfrieds Hand:

18. Die hindert das mit Fleiße,   Euch zu Ruhm und Ehr'.
    Fürwahr, ich treffe die Degen   wie einst so grimmig schwer.
    Wüst leg' ich ihnen die Burgen,   dazu ihr ganzes Land,
    Eh' diese Hand soll rasten: des setz' ich Euch mein Haupt zum Pfand.

19. Ihr und Eure Recken,   Ihr bleibet fein zu Haus!
    Nur mit den Meinen lasset   mich ziehen in den Strauß.
    Daß ich Euch gerne diene,   das werd' Euch also kund."
    Da begann ihm laut zu danken   König Gunthers falscher Mund.

20. Mit den eigenen Knechten   betrieb auch er die Fahrt:
    Zu Siegfrieds und der Seinen   Betrug ward nichts gespart.
    Nun that auch dieser rüsten   die Degen von Niederland.
    Die auserwählten Recken   suchten flugs ihr Streitgewand.

21. Die Brünnen und die Helme   banden sie aufs Roß;
    Gar mancher starke Recke   hielt fertig vor dem Schloß.
    Herr Hagen ging ins Fraungemach,   wo er Kriemhilden fand:
    Er woll' um Urlaub bitten;   man räume nun sogleich das Land.

22. „O wohl mir," sprach Kriemhilde,   „daß mich erkor ein Mann,
    Der meine lieben Freunde   so kühnlich schirmen kann,
    Wie Siegfried, mein Gebieter,   es meinen Freunden thut.
    Des bin ich," sprach die Königin,   „mit Fug und Recht gar hochgemut.

VIII. Wie Siegfried verraten ward.

23. Hagen, mein Viellieber, an eins gedenket jetzt:
    Daß ich so gern Euch diene und nie Euch noch verletzt.
    Laßt mich an meinem Gatten den Dank dafür empfahn!
    Er darf es nicht entgelten, wenn ich Brunhilden weh gethan."

24. „Ihr schließt aufs neue Freundschaft, so hoff' ich, mit der Zeit.
    Kriemhilde, liebe Herrin, gebt mir des Bescheid,
    Wie ich Euch dienen möge an Siegfried, Eurem Mann.
    So gern geschieht's, daß keiner Euch jemals lieber dienen kann."

25. „Ich wäre frei von Sorge," sprach das edle Weib,
    „Daß jemand ihm im Sturme Leben nähm' und Leib,
    Wofern er zügeln wollte sein Übermaß an Mut;
    Dann wär' er allzeit sicher; wo ist ein Held so stark und gut?"

26. Aufs neue sprach da Hagen: „Herrin, fürchtet Ihr,
    Man könnt' ihn schlimm verwunden, wohlan, so saget mir,
    Mit welchen guten Listen ich das verhindern kann.
    Ob reitend oder gehend, stets hüt' und schirm' ich Euren Mann."

27. „Du bist von meiner Sippe, wie ich von deiner bin:
    So befehl' ich meinen Trauten deinem treuen Sinn,
    Daß du mir ihn behütest, der mir so teuer und lieb."
    Sie gab ihm eine Kunde, die besser ihm verhohlen blieb.

28. „Mein Mann ist kühn," begann sie, „dazu auch stark genug.
    Als er einst den Lindwurm am Felsenhang erschlug,
    Da thät der stolze Recke sich baden in seinem Blut.
    Das schuf bisher in Stürmen ihm Schutz vor aller Waffen Wut.

29. Und dennoch trag' ich Sorge, so oft er in Stürmen steht
    Und Lanzenstoß und Speerwurf von Reckenhänden ergeht,
    Ich könnt' ihn da verlieren, meinen teuren Mann.
    Ach, wie schweres Bangen faßt mich oft um Siegfried an.

30. Als aus des Drachen Wunden floß das heiße Blut
    Und er darein sich tauchte, der Recke kühn und gut,
    Da fiel ihm zwischen die Schultern ein Lindenblatt gar breit.
    Dort kann man ihn verwunden: drum sind mir Furcht und
    Harm nie weit."

VIII. Wie Siegfried verraten ward

31. Da sprach der Ungetreue: „Wohlan, auf sein Gewand
Näht ein kleines Zeichen   mit Eurer eignen Hand!
Wo ich ihn soll beschirmen,   das will ich draus ersehn."
Wovon sie Heil erhoffte,   es war zu seinem Tod geschehn.

32. Sie sprach: „Mit seiner Seide   ihm näh' ich aufs Gewand
Ein Kreuzlein ganz verhohlen.   Dort soll deine Hand
Meinen Gatten beschirmen,   wenn's zum Kampfe geht
Und er in heißen Stürmen   den Feinden gegenüber steht."

33. „Das will ich thun," sprach Hagen,   „vielliebe Herrin mein."
Drauf nahm er von ihr Urlaub.   Wohl mocht' er fröhlich sein.
Ich glaube, daß kein Recke   je wieder solchen Verrat
Verüben wird, wie Hagen   wider den Helden Siegfried that.

34. Es war am dritten Morgen,   da ritt mit tausend Mann
Der edle Recke Siegfried   frohgemut vondann,
Im Wahn, er solle rächen   seiner Freunde Leid.
Hagen ritt ganz nahe: so konnt' er prüfen Siegfrieds Kleid.

35. Kaum sah er jenes Zeichen,   da schickt' er heimlich fort
Zween von seinen Mannen   mit andrem Botenwort:
Frieden solle haben   Gunthers Volk und Land;
Sie hätte zu dem König   ihr Herre Lüdeger gesandt.

36. Wie ungern ritt hinwieder   der Held von Niederland,
Bevor des Königs Feinde   empfunden seine Hand.
Gunthers Mannen bewogen   zur Heimfahrt ihn nur schwer.
Nun hielt er vor dem König;   der Wirt bedankte sich gar sehr.

37. „So lohn' Euch Gott den Willen,   Freund Siegfried, alle Zeit,
Daß Ihr meine Bitten   zu erfüllen so bereit.
Ich will's Euch nach Gebühren   vergelten immerdar.
Wie Euch vertrau' ich keinem   in meiner ganzen Freundesschar.

38. Dieweil wir unsrer Heerfahrt   nun ledig also bald,
So reit' ich aus zum Jagen   drüben im Odenwald.
Bären und Eber bietet   zur Kurzweil uns sein Bann."
Das hatte Gunthern geraten   Hagen, der ungetreue Mann.

39. „Man künd' es meinen Gästen   allen unverweilt,
Daß ich gar frühe reite.   Wer gern das Jagen teilt,
Der rüste sich beizeiten.   Wer lieber hier verzieht
Zum Frauendienst, der wisse,   daß mir auch dies nach Wunsch
geschieht."

40. Da sprach in edlen Züchten   der Herre Siegfried frei:
„So oft Ihr jagen reitet,   bin ich gern dabei.
Drum möget Ihr mir leihen   einen Fährtenmann,
Dazu etwelche Bracken;   so reit' ich mit Euch in den Tann."

IX. Wie Siegfried erschlagen ward.

1. König Gunther und Hagen,   die Recken kühn und stolz,
Empfahlen mit falschen Listen   ein Pirschen in Wald und Holz.
Mit ihren scharfen Spießen   wollten sie Bär und Schwein
Und Büffeltiere jagen: was mochte kühner und schöner sein?

2. Da ging der Held zum Gaden,   wo er Kriemhilden fand.
Schon war auf Rosse geladen   sein edles Pirschgewand
Samt dem der Jagdgesellen: sie wollten über Rhein.
Das schuf mit Recht Kriemhilden   die allergrößte Not und Pein.

3. Seine liebe Traute   küßt' er auf den Mund:
„Gott füg' es, daß ich, Liebste,   dich wiederseh' gesund
Und mich auch deine Augen.   Im Kreis der Sippe mag
Kurzweil dich erfreuen;   mich ruft's hinaus in Berg und Hag."

4. Da weinte sie ohnemaßen: „Zieht nicht zur Jagd hinaus!
Zwei wilde Eber jagten,   so träumt' ich heint voll Graus,
Euch grimmig über die Heide.   Drin wurden Blumen rot.
Daß ich so bitter weine,   das ist mir armem Weibe not.

5. Herr Siegfried, fürchten thu' ich   gar manchen bösen Rat.
Man hat vielleicht erbittert   mit Worten oder That
Gar manchen, der uns Schaden   bereiten kann im Haß.
Herr Siegfried, bleibt zurücke!   in Treuen rät Kriemhild Euch
das."

IX. Wie Siegfried erschlagen ward.

6. Er sprach: „Vielliebe Herrin,   ich kehr' in kurzer Frist.
   Ich weiß hier nichts von Feinden;   wer trüg' uns Haß und List?
   Jedweder deiner Sippe   hegt mir eitel Huld.
   Das hab' ich auch verdienet,   das ist der Degen Pflicht und Schuld."

7. Bald ritten sie von hinnen   in einen tiefen Tann,
   Um Kurzweil dort zu suchen.   Gar mancher kühne Mann
   Gesellte sich zum Wirte.   Viel edle Speise war
   Weislich mit verladen   zur Labe für die Jägerschar.

8. Zum Sammeln ward gerufen   vor dem grünen Wald,
   Des Wildes Wechsel genüber,   wo der Jagd alsbald
   Die Stolzen pflegen sollten,   auf eines Werders Plan.
   Herbei kam auch Herr Siegfried;   das ward dem König kund gethan.

9. Von den Jagdgenossen   wurden flugs bestellt
   Die Warten an allen Enden.   Da sprach der kühne Held,
   Siegfried der vielstarke: „Wer zeigt uns durch den Tann
   Den Weg bis zu den Halden?   Ihr stolzen Recken, sagt mir an!"

10. „Wir müssen halt uns trennen," sprach Hagen falschgesinnt,
    „Bevor man frischen Mutes   das Jagen hier beginnt.
    So können wir ersehen,   ich und der Herre mein,
    Wer auf dieser Waldfahrt   die besten Jäger mögen sein."

11. Das Jagdvolk samt der Meute   teilen wir zumal.
    Dann fahre jeder die Straßen   nach seines Herzens Wahl.
    Wes Beute dann die beste,   der ernte Dank und Ehr'."
    Ihr Weilen auf der Rüste   währte da nicht lange mehr.

12. Flink versetzte Siegfried: „Nichts weiter ist mir not
    Als nur ein einziger Bracke,   dem man die Vorkost bot,
    Und der nun alle Fährte   erkennt im weiten Tann.
    An Beute soll's nicht fehlen," sprach wohlgemut Kriemhildens Mann.

IX. Wie Siegfried erschlagen ward.

13. Da nahm ein Jägermeister   einen Spürhund guter Art.
    Der bracht' in kurzer Stunde   den Herren auf die Fahrt,
    Wo Wild in Menge zu finden.   Was auf vom Lager sprang,
    Erlegten die Genossen,   wie's bei guten Jägern in Schwang.

14. Gar bald erschlug Herr Siegfried   auch einen Büffel und Elch,
    Und starker Ure viere   samt einem grimmen Schelch.
    Sein Roß lief so behende,   daß ihm fast nichts entrann.
    Selbst Hind' und Hirsch entkamen   nur selten dem wunder-
    schnellen Mann.

15. Auch einen großen Eber   trieb der Spürhund auf.
    Als der zur Flucht sich wandte,   da kam in schnellem Lauf
    Der Meister dieses Jagens   und ging ihn an von vorn.
    Dem kühnen Recken entgegen   lief das Schwein in heißem Zorn.

16. Das erschlug mit einem Schwertstreich   Kriemhildens starker
    Mann.
    Welch andrer Jäger hätt' es   vollführt im ganzen Bann?
    Gestreckt nun lag der Eber: da fing man ein den Hund.
    Siegfrieds reiche Beute   ward treulich allen Burgunden kund.

17. Auch sonst an allen Enden   ertönte lauter Schall:
    Von Jägersleuten und Hunden   erklang so starker Hall,
    Daß ihnen Antwort wurde   von Tann und Bergeswand:
    Vierundzwanzig Koppeln   hatten die Jäger ausgesandt.

18. So büßten viele Tiere   dort das Leben ein.
    Der Jäger jeder wähnte,   ihm müsse man verleihn
    Den ersten Preis des Jagens.   Doch sollte der Wahn verwehn,
    Sobald der starke Siegfried   am Feuerplatz erst ward gesehn.

19. Die Pirsch war nun zu Ende,   und doch nicht ganz und gar:
    Die hin zum Feuer wollten,   führten mit sich dar
    Allerhand Getiere   und Wildbret übergenug.
    Hei, was man des zur Küche   für Gunthers Jagdgesinde trug!

20. Da hieß der König künden   den stolzen Jägern all,
    Daß ihn nach Imbiß lüste.   Drauf ward in langem Hall
    Ein Horn gar laut geblasen.   So wurden sie belehrt,
    Es sei zur Herbergsstätte   der edle Fürst schon heimgekehrt.

21. Herr Siegfried rief: „So räumen auch wir alsbald den Tann!"
    Sein Jagdroß trug ihn sicher, den Seinen munter voran.
    Da scheuchten sie mit Lärmen ein böses Wildtier auf;
    Ein grimmer Bär war es. Nach hinten rief der Degen drauf:

22. „He, wollt ihr die Genossen vergnügen wie noch nie,
    So löset flugs den Bracken! Ich seh' ein Bärenvieh.
    Das soll zur Herbergsstätte von dannen mit uns ziehn.
    Wie toll sich's auch gebärde, es kann dem nimmermehr ent-
    fliehn."

23. Der Hund ward losgelassen; der Bär sprang jach vondann.
    Ihn balde zu erreiten hoffte Kriemhildens Mann.
    Da kam er in Gerünse, dort konnt' es nicht geschehn.
    Schon wähnte vor dem Jäger Herr Petz geborgen sich zu sehn.

24. Nun sprang von seinem Rosse der Ritter stolz und keck
    Und hub ein schnelles Laufen. Da gab es kein Versteck,
    Auch kein Entrinnen gab es: er fing das Tier zuhand
    Und schuf ihm keine Wunde; er that es lebend in Strick und
    Band.

25. Nichts half ihm Zahn und Tatze wider den starken Mann.
    Er knüpft' es an den Sattel, und mit Gewalt vondann
    Bracht' er's zu der Feuerstatt in seinem kecken Mut,
    Um Kurzweil zu bereiten, der junge Recke kühn und gut.

26. Als er vom Roß gestiegen, da löst' er dem Bären schnell
    Die Bande von Maul und Branten. Hei, welch ein wildes Gebell
    Erhub die ganze Meute, als sie den Bären sah!
    Der wollte flugs zu Walde: hei, was Verwirrung gab es da!

27. Das Tier geriet vom Lärmen durch die Feuerstatt.
    Hei, was es Küchenknechte vom Herd geschieden hat!
    Viel Kessel thät es rühren, zerführen manchen Brand,
    Daß all die gute Speise man später in der Asche fand.

28. Die Herren und ihre Mannen, vom Sitze fuhren sie auf.
    Der Bär begann zu zürnen: die Koppeln allzuhauf
    Hieß der König lösen, was noch an Seilen lag.
    Ging es gut zu Ende, so war es traun ein froher Tag.

IX. Wie Siegfried erschlagen ward.

29. Mit Bogen und mit Spießen   (nicht länger säumte man)
Ließen die schnellen Degen   den Bären mordlich an;
Doch keiner wagte zu schießen,   so drängte Hund bei Hund.
Von dem lauten Getümmel   erschollen Halden und Waldesgrund.

30. Der Bär vor all den Hunden   schoß im Sprung vondann.
Dem konnte keines folgen   als nur Kriemhildens Mann.
Der erlief ihn mit dem Schwerte,   mit dem er ihn erschlug.
Jetzt fand sich mancher Geselle,   der ihn geruhig zur Küche trug.

31. Des Recken Stärke priesen,   so viele das gesehn.
Die stolzen Jagdgefährten   hieß man zu Tische gehn.
Bald saßen auf grünem Anger   der Jägersleute genug,
Der reichen Kost gewärtig,   die man herbei für alle trug.

32. Da sprach der Herre Siegfried: „Eins wundert mich gar sehr:
Man bringt doch aus der Küche   uns reichen Vorrat her:
Warum versagen die Schenken   uns jeden Becher Wein?
Man pflege des Weidmanns besser!   Wer mag sonst Jagd=
gefährte sein?

33. Ich hätte wohl verdienet,   daß man mir Liebes thut."
Ob der Tafel hinüber   sprach Gunther in falschem Mut:
„Man soll Euch später vergüten,   was Ihr mit Recht vermißt.
Hagen hat's verschuldet,   daß heut kein Trunk zuhanden ist."

34. Da versetzte der von Tronje: „Vielieber Herre mein,
Das Pirschen heute, wähnt' ich,   sollte wo anders sein:
Zum Spessartwalde drüben   hab' ich den Wein gesandt.
Der Trunk, der hier uns mangelt,   ihn hab' ich künftig baß zur
Hand."

35. Da sprach der Herre Siegfried: „Des weiß ich schlechten
Dank.
Man hätt' auf sieben Säumern   Wein und Lautertrank
Hierher mir schaffen sollen;   und konnte das nicht sein,
Was wählte man uns Gesellen   den Siedelplatz so fern vom
Rhein?"

IX. Wie Siegfried erschlagen ward.

36. Hagen sprach hinwieder: „Ihr Ritter kühn und schnell,
Ich weiß in nächster Nähe   hier einen kühlen Quell.
Ihr wollet drob nicht zürnen: zu diesem laßt uns gehn!"
Gar manchem Degen sollte   aus diesem Rat viel Leids geschehn.

37. Schon wollten sie zur Linde,   die ob dem Bronnen ragt;
Doch Hagen sprach hinwieder: „Mir ist gar oft gesagt,
Kein Geschöpf vermöchte   im Lauf Kriemhildens Mann,
Wenn er eile, zu folgen.   Jetzt käm' es auf ein Pröbchen an."

38. Da sprach der Herre Siegfried,   der Held aus Niederland:
„Das mögt ihr ja versuchen,   wollt ihr zum Bronnenrand
In die Wette mit mir laufen.   Und ist das nun geschehn,
Soll jener Sieger heißen,   den man zuerst am Ziel gesehn."

39. „So wollen wir's versuchen!"   versetzte Hagen keck.
Da sprach der starke Siegfried: „So will ich auf dem Fleck
Mich Euch zu Füßen legen,   nieder in das Gras."
Als Gunther dies vernommen,   wie lieb im Herzen war ihm das!

40. Und weiter sprach der Kühne: „Vernehmt der Kunde mehr:
„Ich will am Leibe tragen   alle meine Wehr,
Den Wurfspieß samt dem Schilde,   dazu mein Pirschgewand."
Den Köcher nebst dem Schwerte   that er um mit flinker Hand.

41. Doch Hagen zog und Gunther   vom Leib sich das Gewand,
Daß jeder in leichter Hülle   vorm Jägervolke stand.
Sie liefen wie zwei Panther   durchs Kleegrün wunderschnell,
Doch sah den flinken Siegfried   man früher noch am kühlen Quell.

42. Sein war in allen Dingen   der Preis vor jedermann.
Den Köcher legt' er nieder   und löste das Schwert alsdann
Und lehnte den Ger, den starken,   an einen Lindenast.
So stand am rauschenden Bronnen   der hochgemute, stolze Gast.

43. Der Held war aller Tugend   und aller Züchte voll:
Wohl legt' er den Schild zu Boden,   wo frisch der Brunnen quoll,
Doch wie der Durst auch quälte,   er trank doch nimmermehr,
Bevor der König käme.   Das lange Säumen empfand er schwer.

IX. Wie Siegfried erschlagen ward.

44. Des Bronnens muntre Welle   war lauter, kühl und gut.
    Da streckte König Gunther   sich nieder zu der Flut;
    Draus schöpft' er mit dem Munde   des Wassers Labe nun.
    Sie hofften, daß auch Siegfried   nach ihm ein Gleiches werde
    thun.

45. Da entgalt er seiner Züchte: den Bogen und das Schwert,
    Das allzumal trug Hagen   von dannen unverwehrt;
    Dann sprang er jäh zurücke,   wo er den Wurfspieß fand,
    Und spähte nach dem Kreuze   auf des Fürsten Pirschgewand.

46. Dieweil der Herre Siegfried   nun über dem Bronnen trank,
    Schoß Hagen nach dem Kreuze: aus tiefer Wunde sprang
    Das Blut von Siegfrieds Herzen   bis an Hagens Hemd.
    Gottlob, so große Unthat   ist edlen Helden jetzo fremd.

47. Stecken ließ Herr Hagen   im Herzen ihm den Ger.
    So zagen Laufes floh er   vor keinem andern mehr
    Auf der ganzen Erde,   wie vor dem wunden Mann,
    Als der edle Siegfried   der tiefen Wunde sich versann.

48. Der Recke fuhr mit Toben   vom Bronnenrand empor.
    Ihm ragte zwischen den Schultern   ein Ger lang hervor.
    Der Fürst vermeinte zu finden   Bogen oder Schwert:
    Fürwahr, so wäre Hagen   nach seinem Dienst der Lohn beschert.

49. Dieweil der Todeswunde   sein Schwert mit nichten fand,
    So hatt' er sonst nichts weiter   als seines Schildes Rand.
    Den riß er auf vom Bronnen;   dann lief er Hagen an.
    Ihm konnte nicht entrinnen   der ungetreue, grimme Mann.

50. Wohl war er wund zum Sterben,   doch also hieb er ein,
    Daß aus dem Schild ihm sprühte   gar mancher Edelstein
    Und ihm zuletzt in Händen   der ganze Schild zerbrast.
    Gern hätt' er Rache genommen,   der hochgemute, stolze Gast.

51. Hagen sank zu Boden   vor seines Armes Wucht.
    Von der Macht der Streiche   scholl Werder, Wald und Schlucht.
    War ihm das Schwert zuhanden,   so war es Hagens Tod:
    Mit Müh' entging der Recke   der allergrößten Angst und Not.

IX. Wie Siegfried erschlagen ward.

52. Die Kraft war jenem entwichen,   er konnte nicht mehr stehn;
    Seines Leibes Stärke,   wohl mußte sie vergehn,
    Dieweil er des Todes Zeichen   in bleicher Farbe trug.
    Bald ward er von schönen Frauen   bejammert und beweint genug.

53. Nieder in die Blumen   sank Kriemhildens Mann,
    Dieweil aus seiner Wunde   das Blut in Strömen rann.
    Da begann er die zu schelten   im Zwang der bittern Not,
    Die in falschen Treuen   angestiftet seinen Tod.

54. Da sprach der Todeswunde: „Weh, feige Buben, weh!
    Dienste mit Mord zu lohnen!   Ich half euch je und je.
    Ich hielt euch stets die Treue.   Nun ernt' ich diesen Sold!
    Ihr zeigt an eurer Sippe   euch bitterwenig lieb und hold.

55. Bescholten sind nun alle,   die nach dieser Zeit
    Eurem Blut entsprießen.   Wie schlimm wart ihr bereit
    An meinem Fleisch zu kühlen   eures Zornes Wut!
    Drum seid fortan mit Schanden   getrennt von Recken stolz und gut!"

56. Alles lief zur Stelle,   wo jener erschlagen lag.
    Es war für ihrer viele   ein freudenloser Tag.
    Die irgend Treue hegten,   von denen ward er beklagt.
    Das hatte wohl verdienet   der Recke stark und unverzagt.

57. Auch der Burgundenkönig   beklagte seinen Tod.
    Da sprach der Todeswunde: „Dessen ist nicht not,
    Daß der nach Unheil weine,   der es selbst vollführt.
    O hätt' er's unterlassen!   Nun trifft ihn Schmach, wie ihm gebührt."

58. Da sprach der grimme Hagen: „Ich weiß nicht, was ihr klagt.
    Vorbei ist, was an Ängsten   und Leid uns je geplagt.
    Wir finden fürder keinen,   der uns die Stirne beut.
    Wohl mir, daß ich endlich   seiner Herrschaft Bann zerstreut!"

IX. Wie Siegfried erschlagen ward.

59. „Des mögt Ihr leicht Euch rühmen," sprach Siegfried, „was geschehn.
Hätt' ich des Mördersinnes mich je an Euch versehn,
Gehütet sonder Mühe hätt' ich meinen Leib.
Mich kümmert nichts so schmerzlich als Frau Kriemhild, mein liebes Weib.

60. Auch mag es Gott erbarmen! Dein Haupt, mein armer Sohn,
Beugt noch in späten Tagen der schwerste Schimpf und Hohn:
Daß deine nächste Sippe an jemand Mord verübt.
O könnt' ich's damit wenden, ich klagte, was mein Herz betrübt."

61. Und weiter sprach voll Jammer der todeswunde Held:
„Wollt Ihr, stolzer König, an jemand auf der Welt
Noch irgend Treue üben, so laßt mein trautes Weib
Eurer Huld und Gnade empfohlen sein mit Seel' und Leib!

62. Laßt sie des genießen, daß Ihr sie Schwester nennt!
Pflegt ihrer treu, wenn anders Ihr Fürstentugend kennt!
Harren soll nun lange mein greiser Vater des Sohns
Und ihres Fürsten die Mannen. Versah ein Freund sich bösern Lohns?"

63. Die Blumen allenthalben waren von Blute naß.
Da rang er mit dem Tode: nicht lange that er das:
Des Todes grimme Waffe schnitt nur allzu gut.
Nun lag er stummen Mundes, der Recke kühn und frohgemut.

64. Als die Herren sahen, daß der Held nun tot:
Sie legten ihn auf einen Schild, der war von Golde rot.
Drauf gingen sie zurate über den besten Plan,
Wie man verhehlen könnte, daß Hagen solcherlei gethan.

65. Da sprachen ihrer viele: „Das ist ein schlimmer Fund!
Verhehlen müßt ihr's alle, und sprecht aus einem Mund,
Es hätten Schächer erschlagen der Frau Kriemhilde Mann,
Als er allein geritten zur Jagdfahrt durch den düstern Tann."

X. Wie Siegfried begraben und betrauert ward.

66. Da sprach der Ungetreue: „Ich schaff' ihn selbst nach Haus.
Mag alles die erfahren, (was macht sich Hagen daraus?)
Die meiner Herrin Herze jüngst so schwer betrübt.
Es kümmert mich gar wenig, was Geschrei sie auch verübt."

67. Sie säumten bis zum Abend, dann fuhren sie über Rhein.
Kein schlimmer Jagen konnte vollführt von Helden sein.
Ein Wild, das sie erschlagen, drob weinte Magd und Weib;
Auch sollte sein entgelten noch manches edlen Recken Leib.

X. Wie Siegfried begraben und betrauert ward.

1. Von großem Übermute meld' ich euch nunmehr.
Dazu von wilder Rache. Hagen ließ einher
Siegfrieds Leiche tragen, des Herrn von Niederland,
Bis vor die Kemenate, darinnen sich Kriemhild befand.

2. Er ließ den Toten stille legen an die Thür;
Da sollte sie ihn finden, träte sie herfür,
Die Mette zu besuchen, bevor es lichter Tag;
Er wußte, daß gar selten Frau Kriemhilde die verlag.

3. Die Glocke rief vom Münster nach ihrem Tagesbrauch.
Da weckte flugs die Herrin ihre Mägdlein auch.
Sie gebot ihr schnell zu bringen ein Licht und ihr Gewand.
Ein Kämmrer nahte der Stelle, allwo er Siegfrieds Leiche fand.

4. Er sah ihn rot von Blute; sein ganzes Gewand war naß.
Daß sein Herr es wäre, nicht erkannt' er das.
Das Licht in seiner Linken, trat der nun ins Gemach,
Dessen Wort Kriemhilden bald Jammer wirkte tausendfach.

5. Schon wollte sie zum Münster mit ihren Frauen gehn,
Da sprach der treue Kämmerling: „Herrin, bleibt noch stehn!
Im Blute liegt vorm Gaden ein toter Rittersmann."
Da hub voll bösen Ahnens Kriemhild ein wildes Klagen an.

X. Wie Siegfried begraben und betrauert ward.

6. Drauf sank sie zu der Erden, und jäh erstarb das Wort.
Die schöne Freudenlose, wie elend lag sie dort!
Doch bald erwachte von neuem des edlen Weibes Qual.
Auf schrie sie nach der Ohnmacht, daß laut erscholl der Frauensaal.

7. Da sprach ihr Ingesinde: „Ein Fremder mag es sein."
Doch ihr brach aus dem Munde das Blut vor grimmer Pein.
Sie sprach: „Es ist Herr Siegfried, mein trauter Mann!
                Habt acht:
Geraten hat's Brunhilde, und Hagen hat die That vollbracht!"

8. Sie ließ dahin sich führen, wo sie den Recken fand.
Sie hob sein Haupt, das schöne, mit ihrer weißen Hand.
Wie rot er war von Blute, sie erkannt' ihn doch sogleich.
Wie war sein Kleid besudelt! wie war der kühne Held so bleich!

9. Da rief in ihrem Jammer die Fürstin süß und mild:
„O weh, was muß ich schauen! Dir ist dein guter Schild
Von Schwertern nicht zerhauen — du fielst durch feigen Mord!
Und wär' der Thäter erwiesen, ich sänn' auf seinen Tod hinfort!"

10. All ihr Ingesinde klagte laut und schrie
Mit ihrer lieben Frauen. Herznot zwang auch sie
Um ihren edlen Herren: nun war er ihnen dahin!
Schwer hatte Hagen gerochen den Zornmut seiner Königin.

11. Da sprach die Jammerreiche: „Man übe schnellen Lauf
Und wecke Siegfrieds Mannen allzumalen auf!
Auch seinem greisen Vater thut diese Märe kund,
Daß er mir klagen helfe um Siegfried, König Siegemund."

12. Zur Stätte lief ein Bote, wo er schlafen fand
Siegfrieds kühne Helden aus Nibelungenland.
Ob dieser schlimmen Märe ward mancher Recke wach:
Sie sprangen wie von Sinnen aus ihren weichen Betten jach.

13. „Erwacht vom Schlaf, Herr Siegemund! Ihr sollet mit mir gehn
Zu Frau Kriemhild! Der Fürstin ist jüngst ein Leid geschehn,
Das ihr vor allen Leiden das starke Herz bezwingt.
Beklagen sollt Ihr helfen, was Euch auch an die Seele dringt!"

14. Auf thät der Greis sich richten: „Welch Leid und Wehe quält
 Kriemhilden, die schöne Fürstin, wie du soeben erzählt?"
 Der Bote sprach mit Thränen: „Wohl jammert sie mit Fug:
 Tot ist König Siegfried, den eine Mörderhand erschlug!"

15. Da sprach der Herre Siegemund: „Laß das Scherzen sein!
 Mit also böser Märe von meinem Sohn halt ein!
 Wie könnt ihr einem sagen, daß jemand ihn erschlug?
 Bis an mein Lebensende klagt' ich nie um ihn genug."

16. „Und wollet Ihr nicht glauben, was ich Euch gesagt,
 So kommt und höret selber, wie Frau Kriemhilde klagt
 Und all ihr Ingesinde über Siegfrieds Tod."
 Zusammenschrak da Siegemund: das schuf ihm große Herzens=
 not.

17. Hei, wie er aus den Betten samt hundert Mannen sprang!
 Sie packten mit den Händen die Waffen scharf und lang.
 Ihren Lauf beeilte ein gellend Wehgeschrei.
 Da stürmten tausend Recken, Siegfrieds Mannen, auch herbei.

18. Es trat zu Frau Kriemhilden Siegmund allzuhand:
 „O weh der bösen Reise hieher in dieses Land!
 Wer hat mich meines Kindes, des Gatten Euch beraubt
 Bei also guten Freunden? Wes Herze hätte das geglaubt!"

19. „Ha, möcht' ich ihn entdecken!" rief das edle Weib;
 „Gnade fänd' er nimmer, für Seele nicht noch Leib.
 Ich schüf' ihm so viel Leides, daß sein ganz Geschlecht
 Vor Jammer weinen sollte. Ich will mein Recht, mein volles
 Recht."

20. Den Sohn mit beiden Armen umschloß Herr Siegemund.
 Nun ward von Siegfrieds Freunden so großer Jammer kund,
 Daß von dem wilden Weheruf Palast und Saal erklang,
 Und daß ihr lautes Weinen zu Worms durch alle Straßen
 drang.

X. Wie Siegfried begraben und betrauert ward.

21. Niemand konnte trösten   Siegfrieds edles Weib.
Man zog des Toten Kleider   von seinem schönen Leib
Und legt' ihn auf die Bahre   mit sorglich sanfter Hand.
Die Mannen alle stunden   voll Herzeleids an ihrem Rand.

22. Da sprachen Siegfrieds Recken   aus Nibelungenland:
„Zu allen Zeiten rächen   soll ihn unsre Hand.
Er weilt in dieser Feste,   der diese That vollbracht."
Drauf eilten Siegfrieds Mannen   nach Wehr und Waffen durch die Nacht.

23. Beschildet kehrten sie wieder   nach wunderkurzer Zeit.
Elfhundert kühnster Degen   standen nun bereit,
Um Siegfrieds Tod zu sühnen,   dem Herren Siegmund.
Er dachte nur auf Rache,   und Racheschwüre sprach sein Mund.

24. Sie schwankten, wen sie sollten   im Kampf und Streit bestehn,
Wo nicht durch Gunthers Mannen   die Missethat geschehn,
Mit denen König Siegfried   zur Jagd geritten war.
Kriemhilde sah mit Ängsten   die Kampfbegier der kleinen Schar.

25. Wohl heftig war ihr Jammer,   wohl groß war ihre Not,
Doch thät ihr Herze fürchten   der Nibelungen Tod
Durch König Gunthers Mannen.   Drum wehrte sie dem Mut
Und warnte sie voll Güte,   wie noch der Freund dem Freunde thut.

26. Es sprach die Jammerreiche: „Weh, Herr Siegmund,
Was wollet Ihr beginnen?   Euch ist fürwahr nicht kund,
Daß König Gunthern dienet   so mancher kühne Mann.
Verloren seid ihr alle,   fallt ihr die Burgunden an."

27. Die Schilde waren erhoben,   nach Kampf war ihnen not.
Da mahnte sie aufs neue   mit Bitten und Gebot,
Daß sie den Streit vermieden,   die Recken hochgemut:
„Und könnt' ich's jetzt nicht wenden,   es thät' uns beiderseits nicht gut.

28. Noch anstehn laßt die Sache, König Siegemund!
Wohl balde fügt sich's besser. Alsdann, mit Euch im Bund,
Räch' ich meinen Gatten. Der mir ihn hat geraubt,
(Laßt mich ihn erst erkunden!) Kriemhilde trifft sein Mörder-
  haupt.

29. Ihr sollet hier verbleiben, und teilt mein Herzeleid!
Und wenn der Morgen dämmert, ihr Helden kühn im Streit,
So sargt mit mir zusammen den teuren Gatten ein!"
Sie sprachen: „Liebe Herrin, erfüllt soll Eure Bitte sein."

30. Schmiede hieß man hurtig bereiten einen Sarg,
Darin man unter Thränen den edlen Siegfried barg.
Von Gold und Silber war er, stark, breit und lang,
Mit gutem Stahlgespänge, das ihn fest zusammenzwang.

31. Die Nacht war nun vergangen, im Osten ward es grau:
„Zum Münster helft mir tragen," bat die edle Frau,
„Diesen hohen Toten, meinen lieben Mann."
Was er an Freunden hatte, strömte weinend nun heran.

32. Da man dem Münster nahte, scholl vieler Glocken Klang;
Auch hörte man die Priester heben lauten Sang.
Da kam der König Gunther mit seinen Mannen herbei,
Darunter der grimme Hagen, gerufen von dem Wehgeschrei.

33. „O weh, vielliebe Schwester, ob deiner Not und Qual!
O weh, daß solche Leiden uns zwingen allzumal!
Wir müssen ewig klagen um seinen stolzen Leib."
„Das ist euch nicht von nöten," sprach das jammerreiche Weib.

34. „Schüf' es euch ein Leides, so wär' es nicht gethan.
Ihr hattet mein vergessen, (es ist kein leerer Wahn)
Als mir entrissen wurde mein Mann, der edle Held.
O hätt' es mich getroffen! Wollt' es Gott im Himmelszelt!"

35. „Dir ist von meinen Leuten kein Leides angethan,"
Sprach der König Gunther; „es ist ein leerer Wahn." —
„Die sich der Unschuld rühmen, die heißet näher gehn
An diese Bahre!" sprach sie; „man wird die Wahrheit bald
  ersehn."

X. Wie Siegfried begraben und betrauert ward.

36. Und sieh, bei Hagens Nahen floß Siegfrieds Wunde neu.
 Da gab's ein doppelt Klagen, ein Zeichen sonder Scheu.
 Doch Gunther rief hinwieder: „Fürwahr, es ist ein Wahn!
 Ihn haben Schächer erschlagen; Hagen hat es nicht gethan!"

37. „Diese Schächer," sprach sie, „sind mir wohlbekannt.
 Will's Gott, so rächt den Toten noch seiner Freunde Hand.
 Ihr beide, Gunther und Hagen, fürwahr, ihr habt's gethan."
 War's Siegfrieds Recken gestattet, die hätten gleich den Lohn empfahn.

38. Kriemhilde sprach aufs neue: „Tragt mit mir die Not!"
 Da kamen die andern Brüder, der tapfre Gerenot
 Und Giselher der junge, und traten an den Sarg.
 Sie teilten der Freunde Klagen in Treuen, sonder Falsch und Arg.

39. „Vielliebe Schwester," sprachen die beiden, „haltet ein!
 Nun tröste dich des Toten: es muß nun einmal sein.
 Wir wollen, solang wir atmen, zu deinem Trost uns mühn."
 Ihr konnt' auf dieser Erden aus nichts mehr Lab' und Lust erblühn.

40. Als nun die Bürger hörten, daß man im Münster sang
 Und er im Sarg dort läge, ward dichter Menschendrang.
 Sie brachten Opfer die Fülle um seiner Seelen Heil:
 Er hatte bei den Feinden an Freunden auch ein reichlich Teil.

41. „Drei Tage lang, drei Nächte lasset mir ihn stehn,
 Bis ich zur Genüge den lieben Toten gesehn.
 Gott mag vielleicht gebieten, daß mich auch nimmt der Tod.
 So wäre wohl beschlossen der armen Kriemhild Herzensnot."

42. Es war am dritten Morgen zu rechter Messezeit:
 Da war von Landleuten der Kirchhof weit und breit
 Um die Münsterpforten des lauten Weinens voll.
 So diente man dem Toten, wie man lieben Freunden soll.

X. Wie Siegfried begraben und betrauert ward.

43. Auch drinnen in der Kirche,   bei Gottesdienst und Sang,
Wieviel des Bürgervolkes   mit bitterm Leide rang!
Dann hieß man aus dem Münster   ihn tragen an das Grab.
Da war bei Freunden und Fremden   nichts als Jammer auf und ab.

44. Eh' das Grab erreichte   des Toten treues Weib,
Zerrang in solchen Qualen   Seele sie und Leib,
Daß Frauen ihr mit Wasser   das Antlitz oft genetzt.
Geschwunden waren die Sinne,   gebrochen ihre Kraft zuletzt.

45. Ein Wunder war's zu nennen,   daß sie nicht erlag
Und jemals wieder schaute   den sonnenhellen Tag.
„Siegfrieds Mannen," sprach sie   in ihrer Mutter Arm,
„In eurer Treue gönnet   noch eine Gnade meinem Harm!

46. Laßt mir die kleine Labe   nach all dem Leid geschehn,
Daß ich sein Haupt, das schöne,   noch einmal möge sehn."
Sie bat darum so lange   mit ihres Jammers Kraft,
Daß sie noch einmal lösten   des reichen Sarges strenge Haft.

47. Da führte man die Wittib   an des Schreines Rand.
Sie hob sein Haupt, das schöne,   mit ihrer weißen Hand.
Dann küßte sie den Toten,   den Ritter treu und gut.
Ihre lichten Augen   weinten ob dem Leide Blut.

48. Dann ging es an ein Scheiden   voll allertiefster Qual.
Sie brach am Sarge zusammen;   man trug sie heim zum Saal.
Da lag der Sinne ledig   das hohe, schöne Weib.
Vor Leide wollt' ersterben   der einst so wunderholde Leib.

49. Brunhild die wunderschöne   saß trotzig im Gemach;
Wieviel Kriemhild auch weinte,   sie fragte nicht danach.
Sie ward zu rechten Treuen   ihr nimmer wieder bereit.
Drob schuf ihr einst Kriemhilde   fürwahr gleich wildes Herzeleid.

50. Zu Worms, dem Münster nahe,   fügten aus edlem Holz
Sie für Kriemhild die Wohnstatt,   hoch, weit und stolz.
Dort saß mit ihrem Gesinde   sie aller Freuden bar;
Doch schritt sie gern zur Kirche,   wo ihres Liebsten Stätte war.

X. Wie Siegfried begraben und betrauert ward.

51. Ute mit ihren Frauen, wohl sonst des Trostes kund,
 Kam täglich — doch vergebens: ihr Herz war allzu wund.
 Auch Giselher und Gernot in treuem Brudersinn
 Pflagen ihrer gütig, doch keiner hatte des Gewinn.

52. So saß in ihren Leiden (das ist gewißlich wahr)
 Nach ihres Mannes Tode sie bis ins vierte Jahr.
 Ihrem Bruder Gunther vergönnte sie keinen Laut;
 Auch hat ihr Auge nimmer den grimmen Hagen angeschaut.

Siegmund zieht mit seinen Mannen in die Niederlande zurück, Kriemhild hingegen bleibt in Worms, um der Erinnerung an ihre Liebe und ihr Leid ihr ganzes Leben zu widmen. Schließlich gelingt es dem liebevollen Giselher, die trauernde Witwe mit Gunther auszusöhnen; sie verzeiht allen „bis auf den einen Mann," den Anstifter und Vollstrecker des Mordes selbst. Man verabredet mit ihr die Herbeischaffung des unermeßlichen Nibelungenhortes. Hagen fürchtet, sie möchte durch ihre Freigebigkeit zu viele für ihren Dienst gewinnen, und rät den Königen daher sich des Schatzes zu bemächtigen; sie widerstreben; zuletzt schlägt Gernot vor, den Schatz in den Rhein zu versenken, damit er niemand mehr bekümmere. Hagen benutzt die nächste Abwesenheit der Könige, um den Plan schleunig auszuführen; er läßt zugleich alle Mitbeteiligten schwören, so lange sie lebten, den Ort des Schatzes keinem anzuzeigen, es sei denn auf allgemeinen Beschluß. Kriemhilden duldet es nun nicht länger an dem treulosen Burgundenhof; sie schafft die Gebeine des teuren Toten nach dem Kloster Lorsch und schickt sich selber an zu ihrer Mutter auf den Sedelhof in der Nachbarschaft des Klosters zu ziehen, um dort ihrer Trauer, der sie bereits dreizehn Jahre nachgehangen, sich auch ferner hinzugeben. Da tritt ein Wendepunkt in ihrem Leben ein: auf die Zeit ausschließlicher Trauer folgt die Zeit der Rache.

König Etzel von Heunenland beschließt nach dem Tode seiner Gattin Helche um Kriemhilden zu werben und sendet einen seiner Lehensmänner, den edlen und mächtigen Markgrafen Rüdeger von Bechlarn, nach Worms. Hagen rät Gunthern wiederholt und nachdrücklich, die Verbindung, in der er eine Quelle des Unheils für die Burgunden ahnt, nicht zu gestatten. Doch Kriemhild in ihrem ungeminderten Herzeleid weist Etzels Antrag von selbst zurück, wie sehr auch Giselher und Ute seine Annahme empfehlen. Doch als ihr Rüdeger bei einer zweiten heimlichen Unterredung erklärt, daß sie unbedingt auf ihn und seine Mannen zählen könne, wenn je sie einer gekränkt habe oder beleidigen werde, da blitzt ihr der Gedanke durch den Sinn, daß sie jetzt ein Werkzeug zur Bestrafung der Mörder ihres Gatten gewonnen, und sie läßt Rüdegern seine Zusage beschwören.

In hohen Ehren wohnt sie mit ihrem zweiten Gemahl in Etzelnburg und schenkt ihm nach sieben Jahren ein Söhnlein. Heimische und Fremde verehren die neue milde Königin gleichmäßig; doch bis in den Traum verfolgt sie die Erinnerung an die Wormser Tage, und spät und früh empfindet sie es bitter, daß Gunther und Hagen sie dahin gebracht, einem Heiden sich vermählen zu müssen. In dem Bewußtsein ihrer Macht brütet sie nun Tag für Tag über einen Racheplan, volle fünfundzwanzig Jahre nach Siegfrieds Ermordung. Sie bestimmt Etzeln die Burgunden zum nächsten Sonnenwendfeste einzuladen. Hagen, Rumold und Ortwin warnen vor der Fahrt: man solle bedenken, was man Kriemhilden angethan. Gunther weist jedoch die Abmahnung unwillig zurück, und nun empfiehlt Hagen wenigstens wohlgerüstet die Reise zu unternehmen

XI. Wie die Burgunden sich zum Heunenlande aufmachten.

1. Der Vogt am Rhein versorgte   mit Waffen und Gewand
Wohl über tausend Recken,   (so wurde mir bekannt)
Dazu neuntausend Knechte.   Das Fest war stolzer Art.
Die sie zurücke ließen,   beweinten einst die Heunenfahrt.

2. Die Rosse standen fertig   für alle, Fürst und Mann.
Mit minniglichen Küssen   schied mancher Held vondann,
Dem hoher Mut zur Stunde   noch schwellte Seel' und Leib.
Einst schuf er bittre Zähren   gar manchem schönen, stolzen Weib.

3. Wehernf und Klage   vernahm man da genug,
Als Frau Brunhild zum König   ihr Kind auf Armen trug:
„Wie mögt Ihr doch verwaisen   uns alle beide hier?
O bleibet uns zu Liebe!"   In Jammer verging die Stolze schier.

XI. Wie die Burgunden sich zum Heunenlande aufmachten. 49

4. „Um mich sollt Ihr nicht weinen,   Herrin lieb und gut!
Lebt sonder Angst zu Hause   und heget hohen Mut!
Bald kehren wir zurücke   voll Jubel und gesund."
Drauf schied von seinen Freunden,   was weinend am Rand des
   Rheines stund.

5. Sie lenkten ihre Reise   längs des Maines Lauf.
Die Königsmannen zogen   durch Frankenland hinauf.
Ihr Führer war Herr Hagen,   dem war der Weg bekannt;
Und Dankwart war ihr Marschall.   Drauf kamen sie zum Donau
   strand.

6. Es ritt von Tronje Hagen   voraus der ganzen Schar,
Den Nibelungen ein Helfer   und Trost in aller Fahr.
Flugs sprang vom Roß der Kühne   hernieder auf den Sand
Und band es mit dem Zaume   an eine Weide, die dort stand.

7. Der Strom war ausgetreten,   dazu kein Schiff in Sicht:
Den Nibelungen gebrach es   an großen Sorgen nicht,
Wie sie hinüberkämen;   die Flut war ihnen zu breit.
Da schwang sich aus dem Sattel   gar mancher Ritter kühn im
   Streit.

8. „Viel Leides," sprach da Hagen,   „mag hier Euch wohl ge=
   schehn,
Stolzer Vogt vom Rheine.   Ihr könnt es selber sehn:
Der Strom ist ausgetreten;   gar stark ist seine Flut.
Was gilt's? noch heut verlieren   wir manchen Ritter kühn und
   gut."

9. „O weh der Zeitung, Hagen!"   rief Gunther aus voll Schmerz;
„Bei Eurer reichen Tugend,   beschwert uns nicht das Herz!
Ihr sollt die Furt uns suchen   hinüber an das Land,
Daß wir von hinnen bringen   Roß und Waffen und Gewand."

10. „Mir ist halt mein Leben,"   sprach Hagen, „nicht so leid,
Mich selber zu ertränken   in dieser Flut so breit.
Erst soll von meinen Händen   noch sterben mancher Held
In König Etzels Lande.   Darauf ist all mein Sinn gestellt.

XI. Wie die Burgunden sich zum Heunenlande aufmachten.

11. Drum bleibet bei dem Wasser, ihr Ritter stolz und gut!
Ich selber will die Fergen suchen längs der Flut,
Die uns hinüberbringen in König Etzels Land."
Hagen der wunderkühne nahm den Schild vor seine Hand.

12. Hei, was für gutes Gewaffen der Held am Leibe trug!
Den Helm aufgebunden, der blitzte wahrlich genug;
Auch führt' er ob der Brünne ein starkes Breitschwert mit,
Das an seinen Kanten wie kein zweites grausam schnitt.

13. Er suchte nach dem Fergen den Strom hinab, hinauf.
Da hört er trautes Plätschern — er lauscht und hemmt den Lauf.
Das schufen Wassernixen in einem Bronnen hell:
Sie thäten fröhlich baden und kühlten ihren Leib im Quell.

14. Der Held ward ihrer inne und schlich gar leis heran.
Da sie den Recken erblickten, hei, welch ein Fliehn begann!
Daß jenem sie entronnen, des waren sie frohgemut.
Da nahm er ihre Kleider; sie selber waren in sichrer Hut.

15. Da rief die eine Nixe, Hadeburg genannt:
"Herr Hagen, gebt uns wieder unser Leibgewand!
Ich sag' Euch, edler Recke, so Ihr's zurücke gebt,
Was Ihr und Eure Genossen auf eurer Heunenfahrt erlebt."

16. Sie schwebten wie die Vögel vor Hagen auf der Flut;
Drum schien ihm ihre Weisheit wundergroß und gut.
Was sie ihm sagen mochten, er glaubte fest daran.
Was er zu wissen begehrte, das sagte das eine Weib ihm an:

17. "Ihr möget ruhig reiten in König Etzels Land;
Mein Treuwort sei Euch Bürge, mein Haupt sei Euer Pfand,
Daß Helden in fremde Reiche noch nie gefahren sind
Zu also reichen Ehren. Das glaube mir, du Menschenkind!"

18. Froh ward sein Herz der Rede und heller sein Gesicht;
Er gab zurück die Kleider und säumte länger nicht.
Erst als sie angezogen ihr lichtes Zaubergewand,
Enthüllten sie die Wahrheit von Gunthers Fahrt in Etzels Land.

XI. Wie die Burgunden sich zum Heunenlande aufmachten. 51

19. Es sprach die zweite Nixe,   mit Namen Winelind:
"Ich warne dich, Sohn Aldrians,   ich bin dir hold gesinnt.
Dem Kleid zulieb verübte   meine Muhme Trug.
Und kommst du zu den Heunen,   so harret dein Verrat und Lug.

20. Kehr' schnell von hier zurücke!   Es ist wohl an der Zeit,
Dieweil ihr kühnen Helden   dahin geladen seid,
Um allzumal zu sterben   in König Etzels Land.
Die sich der Fahrt befleißen,   die führt der Tod schon bei der Hand.

21. Und weiter merket, Hagen,   so fügt es sich fürwahr:
Sonst keiner wird gerettet   von eurer ganzen Schar
Als der Kaplan des Königs.   Auch das sei Euch bekannt:
Der kehrt gesund zurücke   gen Worms in König Gunthers Land."

22. Da fiel in grimmem Mute   der kühne Hagen ein:
"Es schüfe meinen Herren   die Kunde Not und Pein,
Wir müßten drüben alle   verlieren Leben und Leib.
Drum zeig' uns über Wasser,   du wunderweises Donauweib."

23. "Dieweil dem Rat zum Trotze   die Reise fürder geht,
So hört: wo eine Klause   am Wasser drüben steht,
Da wohnet Euch ein Ferge,   und sonst an keinem Ort."
Er traute dieser Kunde   und schritt am Ufer weiter fort.

24. Dem ungemuten Recken   rief die erste nach:
"So wartet noch, Herr Hagen!   Was eilt Ihr? Nur gemach!
Vernehmet noch genauer,   wie Ihr hinüber kommt,
Und was im Bayerlande,   in Gelfrads Marken, sonst noch frommt.

25. Der Ferg' ist grimmen Mutes;   es ist um Euch gethan,
Würdet Ihr dem Helden   nicht sanft und glimpflich nahn.
Soll der Euch überfahren,   so sparet nicht den Sold.
Er hütet diese Marken   und ist Gelfraden treu und hold.

26. Und kommt er nicht zuhanden,   so ruft nur über die Flut
Und sagt, Ihr hießet Amelrich.   Der war ein Held voll Mut;
Doch zwang ihn Haß und Feindschaft   zu räumen dieses Land.
Der Ferge kommt Euch wahrlich,   sobald Ihr jenen Namen
genannt."

XI. Wie die Burgunden sich zum Heunenlande aufmachten.

27. Voll Trotz nickte Hagen; so ward den Frauen kund
Sein Dank für Rat und Lehre; doch stumm blieb sein Mund.
Dann ging er längs dem Wasser hinan den Ufersand,
Bis auf der Gegenseite er eine stille Klause fand.

28. Er hob ein lautes Rufen über die weite Flut.
„Hol' über," rief der Degen, „du Ferge kühn und gut!
Zu Lohne soll dir werden ein Reif von Golde rot.
Dein Fährmannsdienst, das wisse, thut mir Armem wahrlich
                  not."

29. Doch der war reich an Schätzen, ihm stund kein Dienen an,
Und Lohn nahm er selten von einem andern Mann.
Auch seine Knechte waren gar keck und stolzgemut.
Noch immer stand Herr Hagen diesseit der erregten Flut.

30. Da schrie er also mächtig, daß rings der Strom erscholl:
Des Helden Riesenstimme war aller Kräfte voll:
„Hol' über Amelrichen, Herrn Elsens treuen Mann!
Große Feindschaft trieb ihn aus diesen Marken einst von=
                  dann."

31. Hoch an des Schwertes Spitze bot er ihm den Ring,
Von dem ein helles Leuchten, ein güldenrotes, ging:
Er möcht' ihn überfahren nach Herren Gelfrads Land.
Da nahm der trotzige Ferge das Ruder selber in die Hand.

32. Der Ferge kam mit Fleiße gefahren an den Strand.
Der ihm genannt mit Namen, als er den nicht fand,
Ergriff ihn schwerer Eifer. Wie er Hagen sah,
Da trat der Held dem Recken mit Zürnen und bösem Schelten
                  nah:

33. „Vielleicht führt Ihr den Namen Amelrich mit Recht;
Doch den ich hier vermutet, dem gleicht Ihr wahrlich schlecht.
Der war von Vater und Mutter mein Bruder und mein Blut.
Nun Ihr mich so betrogen habt, kommt Ihr nimmer über
                  die Flut."

XI. Wie die Burgunden sich zum Heunenlande aufmachten.

34. „Nein, bei Gottes Allmacht!" lag ihm Hagen an,
   „Ich fremder Recke habe zu sorgen für manchen Mann.
   Drum nehmt in Zucht und Güte des Wegemüden Sold
   Und führt mich über Wasser! Ich bleib' Euch dankbar und ewig hold."

35. Zur Antwort gab der Ferge: „Ihr kommt mir nicht zum Ziel!
   Meine lieben Herren haben der Feinde viel.
   Drum führ' ich keinen Fremden hinüber in ihr Land.
   So lieb dir ist dein Leben, tritt flugs mir wieder auf den Sand!"

36. Er hob ein starkes Ruder, lang, breit und roh,
   Und schlug damit auf Hagen, (der war darob nicht froh)
   Daß er im Schiffe strauchelnd niedersank ins Knie.
   So grimmgemuten Fergen fand der Tronjer Held noch nie.

37. Doch schnell mit wildem Zorne fuhr der Held empor.
   Die Hand griff nach der Scheide und riß das Schwert hervor.
   Er schlug sein Haupt vom Rumpfe und warf es auf den Grund.
   Bald wurde diese Märe allen stolzen Burgunden kund.

38. Im Augenblick, wo Hagen den Schiffsmann jäh erschlug,
   Schwamm das Boot stromnieder. Das schuf ihm Leids genug.
   Er wurde matt und müde, bis er's zurücke zwang.
   Dann trieb es Gunthers Degen mit manchem starken Ruder=
   schwang.

39. Ihn empfingen grüßend die Ritter schnell und gut.
   Da sahen sie im Schiffe noch rauchen frisches Blut
   Von jener Todeswunde, die er dem Fergen schlug.
   Des Fragens und des Forschens hörte Hagen da genug.

40. Drauf sprach der Held vom Rheine, der starke Gerenot:
   „Heute wird mir bange um lieber Freunde Tod,
   Dieweil von Schiffersleuten wir nirgend etwas sehn.
   Wie kommen wir hinüber? Um meinen Frohmut ist's geschehn."

41. Gar laut rief da Hagen: „Ihr Knechte, legt ins Ried
   Die Reitgeschirre nieder! Ihr kennt das alte Lied,
   Ich sei der beste Ferge, den man am Rhein je fand.
   Getrost! ich fahr' euch über zu Gelfrad in das Bayerland."

42. Auf daß man um so schneller gelangte durch die Flut,
Schlug man auf die Rosse. Die schwammen wundergut:
Nicht eins von ihnen raubte der starke Wogendrang,
Nur daß Erschöpfung manche im Strombett weiter abwärts zwang.

43. Drauf trugen sie zu Schiffe ihr Gold und ihr Gewand:
Sie mochten nicht entraten der Fahrt ins Heunenland.
Hagen war ihr Meister; sein Arm war flink und stark;
Hei, wie viel kühne Recken er übersetzte zur fremden Mark!

44. Als er wohlbehalten sie führte durch die Flut,
Da sann er ob der Wundermär', der Recke schnell und gut,
Die unlängst ihm verkündet das wilde Wasserweib.
Drob ging's dem Kapellane schier an Leben und an Leib.

45. Bei dem Meßgeräte saß der Priester da,
Gelehnt auf seine Rechte, als ihn Hagen sah.
Die Hut des Heiligtumes, sie schuf ihm nicht Gewinn:
Dem gottesarmen Kapellan trug der Recke bösen Sinn.

46. Er schwang ihn aus dem Schiffe; geschehen war's im Nu.
Da riefen ihrer viele: „Faß zu, Herr, faß zu!"
Gieselher der junge, er ward von Zorne rot;
Doch Hagen litt es nimmer, daß irgend einer Hilfe bot.

47. Da sprach der Held vom Rheine, der starke Gerenot:
„Was frommt Euch doch, Herr Hagen, des Kapellanes Tod?
Verübte dies ein zweiter, Euch selber thät' es leid.
Was hat der Priester verbrochen, daß Ihr ihm Fehde schwurt und Streit?"

48. Der Pfaffe schwamm mit Eifer; er hoffte noch auf Heil,
So jemand Hilfe böte. Die ward ihm nicht zu teil.
Dieweil der grimme Hagen ihn niederstieß zum Grund.
Ob solchem Frevel thaten ihr Entsetzen alle kund.

49. Als der arme Pfaffe sich keiner Hilfe versah,
Wandt' er sich von hinnen. Da trat der Tod ihm nah:
Er konnte nicht mehr schwimmen. Doch half ihm Gottes Hand,
Daß er gesund zurücke gelangte zu dem alten Strand.

XI. Wie die Burgunden sich zum Heunenlande aufmachten.

50. Da stand der arme Priester   und schüttelte sein Gewand.
    Daraus erkannte Hagen,   es werde nie gewandt,
    Was ihm die weisen Weiber   drüben prophezeit.
    Er dachte: "Diesen Degen   ist allzumal der Tod bereit."

51. Als sie das Schiff entladen   und alles fortgeschafft,
    Der dreien Könige Mannen,   mit allbehender Kraft,
    Da schlug es Hagen in Trümmer   und stieß es auf die Flut.
    Das nahm sie alle wunder,   die Wormser Recken kühn und gut.

52. "Ei, welch Beginnen, Bruder?"   rief Dankwart alsogleich;
    "Wie kreuzen wir das Wasser,   wenn aus dem Heunenreich
    Wir uns der Rückfahrt fleißen,   heimwärts an den Rhein?"
    Bald sollten sie erfahren,   daß solches nimmer könne sein.

53. Für jetzt sprach Hagen also: "Ich thu' es im Bedacht,
    Daß leicht sich eine Memme   mit auf die Fahrt gemacht,
    Die uns entlaufen möchte   in memmenhaftem Mut.
    Die holet sich voll Schande   den Tod nun doch in wilder Flut."

54. Als sie gesund nun alle   stunden auf dem Sand,
    Hub Gunther an zu fragen: "Wer mag uns durch das Land
    Die rechten Wege weisen,   daß wir nicht irre gehn?"
    Da sprach der kühne Volker: "Getrost! das soll durch mich
                                                        geschehn."

55. "He, nur gemach," rief Hagen,   "ihr alle, Ritter und Knecht!
    Auf Freundesrede hören,   das dünkt mich gut und recht.
    Gar leidig böse Märe   mach' ich euch bekannt:
    Nicht einer von uns allen   kehrt wieder heim in unser Land.

56. Das sagten mir heut morgen   zwei weise Wasserfraun.
    Nun thut nach meinem Rate!   Das ist das Beste traun:
    Waffnet euch, ihr Helden!   Zieht allzeit wohlbewahrt!
    Wir finden starke Feinde.   Uns frommt nur kampfbereite Fahrt.

57. Auf Lügen zu ertappen   wähnt' ich beider Mund,
    Indem sie sagten, es käme   nicht einer von uns gesund
    Wieder heim zum Rheine   als nur der Kapellan.
    Drob hätt' ich ihn so gerne   ertränkt, um Klarheit zu empfahn."

Unterwegs wird in Bechlarn bei Rüdeger Rast gemacht.

XII. Wie die Burgunden von Rüdeger bewirtet wurden.

1. Als sie mit Lust getafelt an allen Tischen zumal,
   Da führte man die Holden wiedrum in den Saal.
   Nun hub ein heitres Plaudern von hüben und drüben an:
   Der Meister war Herr Volker, der kühne, muntre Fiedelmann.

2. Es sprach der teure Degen in freiem Jugendmut:
   „Euch, vieledler Markgraf, hat wunderreiches Gut
   In Gnaden Gott verliehen: ein Weib ward Euch beschert
   Von hoher Zucht und Schöne, und Wonne herrscht an Eurem Herd.

3. Wär' ich von Fürstenblute," fuhr der Spielmann fort,
   „Und trüg' ich eine Krone, zum Weib begehrt' ich dort
   Eure schöne Tochter. Des hätt' ich frohen Mut.
   Sie ist so hold zu schauen, dazu so edel und so gut."

4. Da sprach der wackre Markgraf: „Wie möchte das geschehn?
   Wie sollte je ein König auf meine Tochter sehn?
   Wir sind fremd im Lande, mein liebes Weib und ich,
   Und können wenig geben: da läßt die Schönheit halt in Stich."

5. „Herrn Giselher," sprach Hagen, „wär' jetzt ein Weib wohl recht.
   Die süße Markgraftochter ist von so hohem Geschlecht,
   Daß wir ihr gerne dienten, ich und mancher Mann,
   Zög' im Schmuck der Krone zum Rheine sie mit uns vondann."

6. Die Rede dünkte Rüdegern in seiner Seele gut,
   Dazu auch seiner Gattin. Sie waren frohgemut.
   Nun flissen sich die Helden, daß König Giselher
   Sie zum Weibe wählte; es sei für beide Glück und Ehr'.

7. Dann schloß man um sie beide den Ring nach altem Brauch.
   Der Holden stand genüber manch keckes Bürschlein auch
   Im Zwiespalt der Gedanken: sie ließen die Augen ruhn
   Auf dem süßen Kinde und dachten, wie Knaben heut noch thun.

8. Als die holde Jungfrau man nun zu fragen begann,
Ob sie den Recken wolle, da hub ein Sträuben an,
Obschon zur Wahl des Schönen ihr Herze frohbereit:
Sie schämte sich der Frage; das that auch sonst schon manche Maid.

9. Da riet, ins Ohr ihr flüsternd, der Vater zu einem Ja;
Sie möcht' ihn willig nehmen. Im Umsehn war nun da,
Der sie mit weißen Händen vor aller Augen umschloß,
Giselher der junge. Wie wenig fürder sie das genoß!

10. „Ihr Fürsten stolz und edel," sprach Rüdeger darauf,
„Wenn ihr hinwieder kehret in der Tage Lauf
Zur Fahrt in eure Lande, dann geb' ich euch mein Kind,
Sie heim mit euch zu führen." So beschloß man treugesinnt.

XIII. Wie die Burgunden im Heunenlande empfangen wurden.

1. Als die Nibelungen nun kamen in das Land,
Erfuhr's auch der von Berne, Meister Hildebrand.
Er sagt' es seinem Fürsten, Herrn Dietrich, alsogleich.
Der hieß ihn gut empfangen die fremden Ritter kühn und reich.

2. Als der Herre Dietrich sie nun kommen sah,
Ich weiß, daß ihm die Reise zu Lust und Leid geschah.
Er wußte von den Dingen, die hier und dort vollbracht,
Und glaubte, daß Herr Rüdeger den Recken manches kund gemacht.

3. „Willkommen hier, Herr Gunther, Gernot, Giselher,
Und Hagen auch und Dankwart, samt Volkern und dem Heer
Eurer ganzen Degenschaft! Des edlen Siegfrieds Tod
Beweint Kriemhild, die Fürstin, noch oft in schwerer Herzensnot."

4. „Mag sie immer weinen!" sprach Hagen in grimmem Mut;
„Er liegt seit manchen Jahren erschlagen in Grabeshut.
Sie minne den Heunenkönig, den sie genommen hat.
Siegfried steigt wohl schwerlich sobald aus seiner Ruhestatt."

XIII. Wie die Burgunden im Heunenlande empfangen wurden.

5. „Den Tod des kühnen Recken   lassen wir beiseit!
Bleibt Frau Kriemhild am Leben,   geschieht wohl Schaden und
                                                            Leid.
Du Trost der Nibelungen,   davor sei auf der Hut!"
So sprach zu König Gunther   der Berner Recke kühn und gut.

6. „Was soll der Hut ich pflegen,   edler Fürst von Bern?
Etzel sandt' uns Boten,   (drum ist mir Argwohn fern)
Wir möchten zu ihm kommen   hieher ins Heunenreich;
Und unsre liebe Schwester   entbot uns ihre Treu' zugleich."

7. „Ich will Euch dennoch raten,"   nahm Hagen der Rede wahr:
„Vermahnt den Herren Dietrich   und seine tapfre Schar,
Euch besser noch zu sagen,   was sie hier gesehn.
Sie mögen Euch berichten,   worauf Kriemhildens Sinne stehn."

8. Drei Fürsten traten abseits   und sprachen unter sich,
König Gunther und Gernot,   dazu Herr Dieterich.
„Von Bern du edler Ritter,   nun sag' uns allzuhand:
Was ward von Frau Kriemhildens   geheimem Trachten dir
                                                            bekannt?"

9. Da sprach der Vogt von Berne: „Wozu ein weitres Wort?
Nur eins vernehmt: frühmorgens   hör' ich fort und fort
Zum reichen Gott im Himmel   König Etzels Weib
Voll Jammers weinen und klagen   um Siegfrieds toten Hel=
                                                            denleib."

10. „Das ist nun nicht zu wenden,"   sprach nach kurzer Frist
Der kühne Spielmann Volker,   „was uns berichtet ist.
Drum laßt zu Hof uns reiten,   um selber zu ersehn,
Was uns schnellen Degen   im Heunenreiche mag geschehn."

11. Die Nibelungen ritten   kühnlich nun zu Schloß.
Nach stolzen Heimatssitten   prangte Reiter und Roß.
Da hob ein lautes Wundern   manch kühner Heunenmann
Ob Hagen, dem starken Tronjer;   man staunte Leib und
                                                            Rüstung an.

XIII. Wie die Burgunden im Heunenlande empfangen wurden. 59

12. Auch war es kund geworden, (das wußten Leute genug)
Daß er Siegfrieden von Niederland erschlug,
Den stärksten aller Recken, Kriemhildens teuren Mann;
Drum hub ein eifrig Fragen bei Hof nach Hagen dem Tronjer an.

13. Der Held war wohlgewachsen, das ist gewißlich wahr,
An Brust und Schultern mächtig. Gesprenkelt war sein Haar
Mit einer grauen Farbe. Die Schenkel waren lang,
Und furchtbar war sein Angesicht: stolz und stattlich war sein Gang.

14. Da führte man zu Rüste gar manchen kühnen Mann;
Doch wies man Herrn und Knechten getrennte Herberg an.
Das riet die Heunenkönigin, die Haß im Busen trug.
Ihr hört noch, wie die Knechte man auf der Herbergsstatt erschlug.

15. Schon trat Kriemhild, die Königin, mit ihrem Gefolge dar:
Mit falschem Mut empfing sie der Nibelungen Schar.
Sie küßte Giselheren und nahm ihn bei der Hand.
Kaum sah dies Hagen von Tronje, als er den Helm sich fester band.

16. „Nach so geübtem Gruße," sprach Hagen mit Bedacht,
„Seien schnelle Degen allhier auf rechter Wacht.
Man beut hier Fürsten und Mannen den Gruß in Sonderart.
Zu diesem Festgelage bracht' uns keine gute Fahrt."

17. Sie sprach: „Seid dem willkommen, dem lieb dies Angesicht.
Um Eurer Freundschaft willen begrüß' ich Euch doch nicht.
Nun sagt, was Ihr mir bringet von Worms, der Stadt am Rhein,
Daß Ihr so groß willkommen Frau Kriemhilden solltet sein."

18. „Wär' das mir kund geworden," sprach Hagen unverwandt,
„Daß Ihr auf Gaben rechnet von milder Reckenhand:
So reich wohl wäre Hagen, (hätt' ich's nur bloß bedacht)
Er hätt' Euch seine Gabe mit ins Heunenreich gebracht."

XIII. Wie die Burgunden im Heunenlande empfangen wurden.

19. „Nun gebet mir zur Stunde   genaue Wissenschaft,
Der Hort der Nibelungen,   wohin Ihr den geschafft.
Der war mein Erb' und Eigen,   das ist Euch wohlbekannt.
Den solltet Ihr mir bringen   hierher in König Etzels Land."

20. „In Treuen, Frau Kriemhilde,   es ist schon Jahr und Tag,
Daß ich jenes Hortes   nicht mehr hütend pflag.
Den hießen meine Herren   versenken in den Rhein.
Da muß er weidlich lange   bis zum jüngsten Tage sein.

21. Auch wär's," sprach Hagen weiter,   „verlorne Müh' und Hast:
Wie könnt' ich Euch was bringen?   Schon schwer ist meine Last
An Schild und Panzerhemde,   an Helm von Stahle licht.
Dies Schwert in meiner Rechten   bring' als Geschenk ich wahr‐
                                        lich nicht."

22. Da hieß die Fürstin künden   den Recken allzumal,
Daß keiner Waffen trüge   mit sich in den Saal:
„Mir gebet sie, ihr Helden!   sie werden wohl verwahrt."
„In Treuen," sprach da Hagen,   „das ist nicht rechter Helden
                                        Art.

23. Auch frommt mir nicht die Ehre,   Fürstin gut und mild,
Daß Ihr zur Herbergsstätte   trüget meinen Schild
Und andre meiner Waffen: ein Königsweib seid Ihr.
Das lehrte mich mein Vater nicht —   mein eigner Kämmrer
                                        bin ich mir."

24. „O weh ob solchem Leide!"   rief Königin Kriemhild;
„Warum doch wollen Hagen   und Gunther ihren Schild
Nicht aus den Händen geben?   Sie sind gewarnt; fürwahr,
Wenn ich den Thäter wüßte,   er läge bald mir auf der Bahr'."

25. Voll Zorn gab zur Antwort   Herr Dieterich von Bern:
„Ich bin's, der sie gewarnet,   die edlen, stolzen Herrn,
Und Hagen auch, den starken,   den Helden von Burgund.
Nur zu, du böse Teufelin!   thu mir deine Rache kund!"

XIII. Wie die Burgunden im Heunenlande empfangen wurden.

26. Da faßte Scham und Bangen   König Etzels Weib:
Gar groß war sein Gefolge,   und mächtig war sein Leib.
Drum ging Kriemhild von dannen   und sprach kein weiteres Wort;
Doch warf sie jähe Blicke   auf ihrer Feinde Reihen dort.

27. Man ließ die edlen Gäste   noch auf dem Hofe stehn.
Hagen nur und Volkern   sah man von hinnen gehn
Weit über des Hofes Fläche   bis vor das Königshaus.
Die zween Erwählten kannten   trotz Rachegrimm nicht Furcht und Graus.

28. Sie setzten sich vorm Hause   auf eine Bank von Stein,
Einem Saal genüber;   Kriemhildens sollt' er sein.
Da blitzte von ihrem Leibe   ein herrlich Streitgewand.
Gar mancher, der sie schaute,   hätte gern das Paar gekannt.

29. Gleich zwei wilden Tieren   gaffte mancher Mann
Der Heunen beide Recken,   die stolzgemuten, an.
Da sah sie durch ein Fenster   auch König Etzels Frau:
Wohl schuf Kriemhildens Herzen   gar schweren Kummer diese Schau.

30. So frisch erwacht' ihr Jammer,   daß sie zu weinen begann.
Das nahm gar höchlich wunder   so manchen Heunenmann:
Man hatte sie vor Stunden   so frohgemut gesehn.
Sie sprach: „Ihr kühnen Männer, durch Hagen ist mir so geschehn.

31. Ich wollt' es ewig lohnen,   rächte wer mein Leid.
Zu allem, was er wünschte,   wär' ich ihm bereit.
Ich bitt' euch auf den Knieen,"   sprach des Königs Weib,
„Rächet mich an Hagen!   verlieren muß er Leben und Leib."

32. Da standen flugs gerüstet   wohl sechzig Mann und mehr
Der Königin zuliebe.   Die verlangten sehr
Den Tronjer zu erschlagen,   den wundergrimmen Mann,
Dazu den kühnen Fiedler.   Mit Eifer griffen sie es an.

33. Als die stolze Fürstin   so kleine Schar nur sah,
In grimmem Mute sprach sie   zu den Helden da:
„Laßt ab von eurem Hoffen!   Ihr blöden Thoren, geht!
Glaubt ihr, daß man Hagen   mit so geringer Macht besteht?

34. Und doch, wie kühn und kräftig   der Tronjer Held auch sei,
Ein Mann, der noch weit kühner,   sitzt dort nebenbei.
Der Fiedler ist's, Herr Volker;   wie wollt ihr den bestehn?
Ihr habt von beiden Degen   euch böser Dinge zu versehn."

35. Kaum hatten sie's vernommen,   da rüsten sich noch mehr:
Dreihundert schnelle Recken.   Die Fürstin hoch und hehr,
„Harrt ein Weilchen!" sprach sie,   „bleibt hier im Saal noch stehn!
Unter Krone will ich   mit euch zu meinen Feinden gehn.

36. Dann hört, wie ich ihn zeihe,   was er mir angethan,
Gunthers Dienstmann Hagen.   Es ist kein eitler Wahn.
Auch kenn' ich seine Kühnheit;   er leugnet's sicher nicht.
Drum soll mich's auch nicht kümmern,   was ihm für seinen
                                                                    Frevel geschicht."

37. Da sah der Fiedelmeister,   der Held von kühnem Sinn,
Von der Stiege schreiten   die edle Königin.
Als er aus dem Hause   die Fürstin treten sah,
Zu seinem Heergesellen   sprach der weise Recke da:

38. „So schauet nur, Freund Hagen,   wie uns drüben naht,
Die uns in falschen Listen   hieher zu Gaste bat!
Ich sah bei Königinnen   noch nie so groß Geleit
Mit Schwertern in den Händen   so trotzig und so kampfbereit.

39. Euch gilt (Ihr wißt's, Freund Hagen) ihr Haß und grimmer Mut;
Drum rat' ich Euch in Treuen,   seid doppelt auf der Hut
Für Leib und Leben und Ehre!   Wie breit ist manche Brust!
Und Seide deckt die Brünnen.   Ihr Trachten ist uns wohlbe-
                                                                    wußt."

40. Da sprach in grimmem Zorne   der wunderkühne Mann:
„Ich weiß, man zettelt alles   wider mich nur an,
Daß jene die blanken Waffen   tragen in der Hand;
Doch reit' ich wohl vor jenen   noch sicher ins Burgundenland.

41. Nun saget mir, Freund Volker,   seid Ihr gern gewillt
Im Streite mir zu helfen   wider Frau Kriemhild
Und ihre Mannen alle?   Aus Liebe thut mir's kund.
Auch ich steh' Euch für immer   zu Dienst in treuem Bruderbund."

XIII. Wie die Burgunden im Heunenlande empfangen wurden.

42. „Ich helf' Euch," sprach der Spielmann, „das ist gewiß und wahr!
Und träte der König selber mit seiner ganzen Schar
Uns feindlich hier entgegen: solang mein Odem reicht,
Schafft keine Furcht, daß Volker nur Fußesbreite von Euch weicht."

43. „Das lohn' Euch Gott im Himmel, Recke kühn und hehr!
Wenn die mit mir auch streiten, was brauch' ich jetzt noch mehr?
Da Ihr mir helfen wollet, wie Ihr mir kund gethan,
So mögen jene Degen nur immer kampfgerüstet nahn."

44. „Da kommt sie," sprach der Spielmann; „drum rat' ich auf zustehn:
Sie ist doch eine Königin; so lassen wir sie gehn
Und bieten ihr die Ehre, die edler Frauen Recht.
So fördern wir daneben unsern Ruf der Zucht nicht schlecht."

45. „Mit nichten, mir zuliebe!" fiel Hagen hastig ein;
„Sonst dächten jene Degen, ich hätt' aus Furcht und Pein
Den Platz geräumt und wünschte schnell davon zu gehn.
Ich gedenke nimmer vor derer einem aufzustehn.

46. Uns beiden ziemt halt besser, wir unterlassen das.
Was sollt' ich den auch ehren, der wider mich voll Haß?
Das thu' ich nun und nimmer, solang mein Leben währt.
Was frag' ich nach dem Hasse, den wider mich die Heunin nährt?"

47. Der starke Hagen legte sich quer übers Bein
Eine lichte Waffe; vom Knauf ging heller Schein;
Der kam von einem Jaspis, grüner noch als Gras.
Kriemhild ersah mit Thränen, daß Siegfried einst das Schwert besaß.

48. Näher an sich rückte Volker auf der Bank
Einen Fiedelbogen, stark, breit und blank;
Der glich wohl einem Schwerte, so scharf, lang und licht.
So saßen ohne Bangen die fecken Degen und wichen nicht.

XIII. Wie die Burgunden im Heunenlande empfangen wurden.

49. „Herr Hagen," sprach die Fürstin, „wer hat nach Euch gesandt,
Daß Ihr zu reiten wagtet in König Etzels Land
Trotz all den schweren Wunden, die Eure Hand mir schlug?
Wärt Ihr bei Sinnen gewesen, Ihr standet ab mit Recht und Fug."

50. „Nach mir," versetzte Hagen, „hat niemand ausgesandt;
Doch hergeladen waren drei Degen in Euer Land;
Die hießen meine Herren; so bin ich denn ihr Mann.
Gar selten ließ ich's fehlen, wenn eine Hofesfahrt begann."

51. Sie sprach: „Nun sagt mir weiter, weshalb Ihr das vollführt,
Darum für alle Zeiten Euch mein Haß gebührt?
Ihr habet mir erschlagen Siegfried, meinen Mann,
Den ich bis an mein Ende nimmer genug beweinen kann."

52. „Was soll's der weitren Worte? Des Redens ist genug.
Ich bin halt jener Hagen, der Siegfried einst erschlug.
Ihr seht nun an dem Helden, wie schwer er das entgalt,
Daß Frau Kriemhild Brunhilden, meine schöne Herrin, schalt."

53. Sie sprach: „Da hört ihr, Recken: Hagen leugnet nicht
Die Schuld an meinem Leiden. Was ihm daraus geschicht,
Das soll mich wenig kümmern. Wer ist von euch ein Mann?"
Die stolzgemuten Degen sahn betroffen einander an.

54. Da sprach der Recken einer: „Was schauet ihr mich an?
Was wir zuvor gelobten, das halte, wer es kann.
Ich mag für keine Gabe verwirken meinen Leib.
Fürwahr, uns will verleiten König Etzels stolzes Weib."

55. Von neuem sprach ein zweiter: „So bin auch ich gemut.
Und gäbe man mir Türme von goldig rotem Gut,
Diesen Fiedelmeister möcht' ich nicht bestehn:
So jähe Blicke hab' ich aus seinen Augen flammen sehn."

56. Damit war's entschieden: nicht einer wagte den Streit.
Das schuf der stolzen Königin bittres Herzeleid.
Die Degen wichen von hinnen: sie bangten vor dem Tod.
Des Fiedlers Bogen und Balmung erweckten ihnen reiche Not.

57. Da sprach der kühne Volker: „Nun haben wir erkannt,
Daß unser Feinde harren, wie man uns schon gestand.
So laßt uns denn zu Hofe zu unsern Fürsten gehn!
Dann wagt es keiner, im Streite unsre Herren zu bestehn."

XIV. Wie Hagen und Volker Schildwacht hielten.

1. Als der Vogt vom Rheine den Königssaal betrat,
Da sprang der König Etzel (wie hurtig er es that!)
Empor von seinem Stuhle. Er war der Gäste froh.
Kein zweiter Gruß von Fürsten erlabte je das Auge so.

2. „Willkommen, König Gunther! willkommen, Gernot,
Und Euer Bruder Giselher! Meinen Dienst entbot
Ich euch mit Treu' und Eifer gen Worms am kühlen Rhein.
Auch eure Degen allzumal sollen mir willkommen sein.

3. Insonders hoch willkommen, du kühnes Reckenpaar,
Fiedelmeister Volker und Hagen, du stolzer Aar!
Mir und meinem Weibe willkommen hier zu Gast!
Sie hat in großen Treuen an euch erinnert ohne Rast."

4. „Wir haben's wohl vernommen," sprach Hagen alsogleich;
„Kam meinen Herrn zuliebe ich nicht ins Heunenreich,
So wär' ich Euch zu Ehren geritten in dies Land."
Da reichte den lieben Gästen der wundermilde Wirt die Hand.

5. Er bot den Helden Stühle, wo er selber saß.
Dann schenkte man den Gästen mit Eifer sonder Maß
In weiten Güldenschalen Maulbeertrank und Wein
Und hieß die fremden Recken sich gütlich thun und fröhlich sein.

6. Da sprach der Heunenkönig: „Das muß ich euch gestehn:
Mir konnt' in diesen Zeiten Liebres nicht geschehn,
Als daß ihr, werte Degen, zu uns gekommen seid.
Nun ist auch meine Herrin von aller Trauer ganz befreit."

XIV. Wie Hagen und Volker Schildwacht hielten.

7. So ging der Tag zu Ende;   da nahte still die Nacht.
Den wegemüden Recken   war schon die Sorg' erwacht,
Wo sie ruhen sollten   und Lagerstatt empfahn.
Kaum brach Herr Hagen das Schweigen,   da ward es ihnen kund gethan.

8. Nun hob sich rings ein Drängen   um die Gäste zumal;
Da rief der kühne Volker   den Hennen durch den Saal:
„Wie wagt ihr's, auf der Ferse   den Recken nachzugehn?
So ihr nicht Maß mir haltet,   so wird euch noch ein Leids geschehn;

9. So versetz' ich noch etwelchem   so schweren Geigenstrich:
Ein treuer Freund und Vetter   beweint es sicherlich.
Drum weichet von uns Recken!   Das dünkt mich nutz und gut.
Degen heißen alle,   doch sind sie halt nicht gleich gemut."

10. Als der kühne Spielmann   sprach so grimmes Wort,
Da blickte der starke Hagen   über die Achsel fort:
„Vortrefflich, was der Fiedler   euch geraten hat.
Kriemhildens böse Degen,   hinweg zu eurer Lagerstatt!

11. Was ihr im Schilde führet: he, gebt euch keine Müh'!
Und wollt ihr's doch versuchen,   so kommt uns morgen früh.
Doch heut vergönnet sittig   uns Wegemüden Rast,
Wie Helden immer thaten.   Auch hat es, wähn' ich, keine Hast!"

12. Da führte man die Gäste   in einen weiten Saal,
Wo Betten zugerichtet   den Recken allzumal.
Die reichen Kissen prangten,   die seidnen Spreiten auch,
Und schwarzer Zobel und Hermelin   luden sänftlich zum Gebrauch.

13. „O weh der Rüste!" seufzte   der junge Gieselher;
„Und weh um meine Freunde,   die uns gefolgt hieher!
Wie holden Gruß mir immer   meine Schwester bot,
Ihr Trachten schickt, so fürcht' ich,   uns allzumal in jähen Tod."

14. „Laßt Eure Sorgen fahren!"   warf ihm Hagen ein;
„Ich selber will der Schildwacht   heut Nacht beflissen sein.
Ich hüt' Euch wohl in Treuen   bis an den lichten Tag
Samt allen schnellen Recken.   Morgen rette sich, wer mag!"

XIV. Wie Hagen und Volker Schildwacht hielten.

15. Da sprach der Spielmann Volker: „Hagen, mit Euch vereint,
    Wenn Ihr's nicht verschmähet, möcht' ich gerne heut
    Dieser Schildwacht pflegen, bis der Morgen graut."
    Der Recke dankte Volkern für solche Dienste warm und traut:

16. „Das lohn' Euch Gott im Himmel, Volker, edler Held!
    In aller Fahr und Sorge wünscht' ich mir gesellt
    Nur Euch allein, sonst keinen, selbst bei größter Not.
    Ich will es Euch gedenken, hindert mich nicht jäher Tod."

17. Da hüllten sich die beiden in lichtes Stahlgewand;
    Da ergriff auch jeder hurtig den Schild mit starker Hand.
    Sie gingen aus dem Hause und traten vor die Thür
    Zu treuer Hut den Degen in rechter Mannen= und Freund=
    gebühr.

18. Volker, der schnelle Spielmann, that aus seiner Hand
    Den guten Schild und lehnte ihn an des Hauses Wand.
    Drauf ging er hin und holte die Fiedel aus dem Saal
    Und diente recht nach Züchten seinen Freunden allzumal.

19. Unter der Thür des Hauses saß er auf dem Stein:
    Gleich kühnen Fiedelmeister sah nie der Sonne Schein.
    Als ihm der Ton der Saiten so wundersüß erklang,
    Da wußten's ihm die Gäste in ihren Betten höchlich Dank.

20. Es tönten seine Saiten, daß weit das Haus erscholl:
    Aller Kraft und Künste, beider war er voll.
    Dann immer sanfter und süßer zu fiedeln hub er an
    Und lullte still in Schlummer gar manchen sorgenreichen Mann.

21. Als sie des Schlafes pflagen und Volker dies erkannt,
    Da nahm der Held aufs neue den Schild in seine Hand.
    Vor der Thür des Hauses stand er kampfbereit
    Zu treuer Hut der Freunde vor Kriemhildens Wehrgeleit.

22. Nach dem ersten Schlafe, (kaum früher mocht' es sein)
    Da sah der kühne Volker eines Helmes Schein
    Fern aus dem Dunkel blitzen: Kriemhildens Gefolge kam,
    Das an den müden Gästen grimme Rache gerne nahm.

23. „So schauet nur, Herr Hagen!" sprach der Fiedelmann;
„Lasset Euch denn sagen, (verhehlen geht nicht an)
Ich sah in Waffenkleidern drüben Leute gehn.
Wenn mich recht bedünket, so ist's auf uns wohl abgesehn."

24. „So schweigt!" versetzte Hagen. „Laßt jene näher heran,
Bevor sie uns bemerken: mit Schwerthieb wird alsdann
Mancher Helm verschoben von dieser meiner Hand.
Sie werden ihrer Herrin heint gar übel zurückgesandt."

25. So sprachen sie, doch einer der Heunenrecken sah
Die Thüre wohl behütet. Wie hastig sprach er da:
„Was wir zu thun gedachten, das kann halt nicht geschehn:
Ich seh' den kühnen Fiedler vor dem Hause Schildwacht stehn.

26. Der trägt auf seinem Haupte einen Helm von Stahl,
Hart, fest und lauter; der sprüht gar bösen Strahl.
Auch lohen die Panzerringe wie des Feuers Glut.
Und neben ihm steht Hagen. Da sind die Fremden in bester Hut."

27. Flugs kehrten sie hinwieder. Als dies der Spielmann sah,
Zu seinem Heergesellen voll Zornes sprach er da:
„Nun lasset mich vom Hause zu jenen Recken gehn:
Frau Kriemhildens Mannen sollen mir sein Rede stehn."

28. „Mit nichten, mir zuliebe!" sprach Hagen wohlbedacht;
„Beginnt Ihr mit den Helden Kampf und Streit bei Nacht,
So trotzt man Euch mit Schwertern und bringt Euch wohl in Not.
Dann müßt' ich Euch schon helfen, und wär' es meiner Sippe Tod.

29. Gerieten so wir beide mit ihnen in heißen Streit,
Genügte zween bis vieren schon eine kurze Zeit;
Die sprängen zu dem Hause und schüfen ein blutig Weh
An unsern armen Schläfern. Des gäb' es Klage je und je."

30. Darob versetzte Volker: „So lasset eins geschehn:
Sie sollen inne werden, daß ich sie doch gesehn,
Damit nicht leugnen könne Kriemhildens Wehrgesind,
Welche Mörderpläne hier man wider Gäste spinnt."

XIV. Wie Hagen und Volker Schildwacht hielten.

31. Und laut rief der Fiedler   den Hennenscharen nach:
    „Was geht ihr so gewaffnet?   Was treibt ihr doch so jach?
    Wollt ihr zu Raube reiten,   Kriemhildens Wehrgeleit?
    Da bin ich euch zu Hilfe   mit meinem Genossen gern bereit."

32. Niemand gab ihm Antwort;   zornig war sein Mut.
    Da rief der wackre Degen: „Pfui, ihr feige Brut!
    Uns Schläfer zu ermorden   war euer böser Plan?
    Das ist edlen Helden   bisher noch selten angethan. —

33. Schon kühlen mir die Ringe,"   sprach er zu Hagen drauf;
    „Bald hat die Nacht, bedünkt mich,   vollendet ihren Lauf.
    Ich spür' es an dem Lufthauch,   bald wird es lichter Tag."
    Da weckten sie gar manchen,   der sänftlich noch in Schlummer lag.

Gegen Mittag des folgenden Tages findet ein Turnier statt, wobei die helle Flamme des Kampfes aufzulodern droht; denn Volker macht schließlich aus dem Spiele Ernst und höhnt die Gegner als feig und unfähig. Etzel wehrt durch kräftiges Eingreifen dem Ausbruch der Feindseligkeiten. Hierauf geht es zur Tafel im weiten Burgsaale. Kriemhilden gelingt es durch große Versprechungen, ihren Schwager Blödelin wenigstens zum Überfall der niederen Dienstmannen und Knechte der Burgundenkönige willig zu machen. Während Blödelin alles zum Überfall vorbereitet, geht sie selber ruhig in den Festsaal und läßt auch ihr fünfjähriges Söhnlein Ortlieb dorthin führen, der von dem beglückten Vater seinen Oheimen vorgestellt und ihrer Liebe, dereinst auch ihrer Erziehung im Burgundenlande empfohlen wird. Doch dem grimmen Hagen giebt sein Haß gegen des Kindes Mutter das böse Wort ein: „Des jungen Königs Gestalt sieht nach gar kurzem Leben aus. Mich soll man selten genug nach Hofe zu Ortlieb gehen sehn." Tief gekränkt schweigt Etzel; auch die anderen sitzen in stummer Bestürzung da. Unterdessen bricht das Unheil im ersten furchtbaren Schlage herein.

Während des Mahles hat Blödelin mit seinen Mannen das burgundische Heergesinde, das unter Obhut des Reisemarschalls Dankwart gleichfalls bei Tische saß, in der Herberge überfallen. Dankwart haut ihm zwar das Haupt ab, doch in dem nun folgenden Gemetzel, in welchem die überraschten Knechte sich mit Bankbeinen wehren müssen, finden alle ihren Tod; nur Dankwart

XIV. Wie Hagen und Volker Schildwacht hielten.

schlägt sich durch und eilt zum Festsaale des Königs, um seinem Bruder Hagen das Geschehene zu melden.

Auf dessen Anordnung hält er die Eingangsthür besetzt, damit auch nicht einer der Heunen aus dem Saal entfliehen und von außen keine Hilfe eindringen könne, während Hagen selber für den meuchlerischen Überfall blutige Rache nimmt: er erschlägt den kleinen Ortlieb samt seinem Erzieher und noch viele andere Heunen, von Volker und den drei Burgundenkönigen unterstützt. Dietrich springt auf einen Tisch, um sich in Sicherheit zu bringen, verlangt für sich und sein Gefolge freien Abzug und geleitet zugleich die Königin und Etzeln ins Freie. Rüdeger erbittet für sich und die Seinen nun ein Gleiches. Darauf beginnt das Gemetzel von neuem und endet erst mit dem Tode des letzten im Saal anwesenden Heunen. Volker und Hagen treten in die Pforte; jener verhöhnt die Draußenstehenden, daß sie wie die Weiber jammern, und Hagen den König selber, daß er nicht wie seine eigenen Herren der vorderste im Streit gewesen. Da packt Etzel seinen Schild, und nur mit äußerster Mühe vermag man ihn vom Kampf mit dem Tronjer zurückzuhalten. Der aber verunglimpft nun auch noch die Königin in Gegenwart ihrer Mannen, so daß sie, aufs äußerste erbittert, auf Hagens Haupt einen hohen Preis setzt. Als Volker immer neuen Hohn auf Etzels Mannen ausschüttet, waffnet sich Markgraf Jring von Dänenland schnell und stürmt allein gegen Hagen und die Burgundenkönige an; zuletzt schlägt er dem Tronjer mit dem Schwerte durch den Helmhut eine empfindliche Wunde; der aber treibt ihn mit doppelt grimmigen Streichen die Stiege hinab. Kriemhild empfängt ihn mit jubelndem Danke. Jring läßt sich nach kurzer Erholung mit neuen Waffen rüsten und stürzt abermals auf Hagen los. Dieser verwundet ihn zum Tode. Auf Rache für Jring bedacht, stürmen nun Dänen und Thüringer die Stiege hinan, während die Burgunden auf Volkers Geheiß beiseit weichen, um sie in den Saal zu lassen. Hier werden sie sämtlich niedergehauen.

XV. Wie Kriemhild den Saal verbrennen ließ.

1. Nun war der Tag verronnen. Der Sorge war wohl not.
   Die Gäste dünkte besser ein rascher Heldentod
   Als langes, schweres Ringen mit wilder Pein und Qual.
   Zu unterhandeln wünschten die stolzen Ritter allzumal.

2. Man solle Etzeln holen, geboten die Fürsten jetzt.
   Grau wie die Brünnen von Staube und grausig blutbenetzt,
   So traten aus dem Hause die drei mit manchem Mann.
   Wem sollten sie es klagen, was man wider sie ersann?

3. Etzel und Kriemhilde, sie beide kamen heran.
   Das Land war ihnen eigen; drum wuchs ihr Heeresbann.
   Er thät die Fürsten fragen: "Warum begehrt ihr mein?
   Ihr hoffet wohl auf Frieden? Das könnte nun und nimmer sein.

4. Nach also großem Schaden, wie ihr mir angethan,
   Da ist, so lang ich lebe, Versöhnung eitel Wahn.
   Mein Kind habt ihr erschlagen, verwandter Helden viel.
   Das büßt ihr mit dem Leben; der Tod ist euer aller Ziel."

5. Zur Antwort gab ihm Gunther: "Uns zwang dazu die Not:
   Mein ganzes Heergesinde schlugen die Deinen tot
   In seiner Herbergsstätte. Verdient' ich solchen Sold?
   Ich kam auf Treu' und Glauben; wähnt' ich doch, du seist
                                               mir hold."

6. Da sprach Herr Giselher vom Rhein, Frau Utens jüngstes Kind:
   "Ihr Recken Etzels alle, die noch am Leben sind,
   Wes könntet ihr mich zeihen? Was that euch meine Hand?
   Voll Huld und Freundschaft kam ich daher geritten in dieses
                                               Land."

7. Sie sprachen: "Deiner Güte ist Burg und Land schier voll:
   Die schuf uns reichen Jammer als deiner Freundschaft Zoll.
   Wir gönnten dir, du wärest von Worms nie hergereist.
   Durch dich und deine Sippe ist unser ganzes Land verwaist."

XV. Wie Kriemhild den Saal verbrennen ließ.

8. Da sprach zu Etzeln Gernot, der Recke hochgemut:
„So mög' Euch Gott gebieten, daß Ihr doch eines thut:
Weicht von diesem Hause und laßt im Freien hier
Sich unsre Scharen messen! Kaum noch Hoffnung hegen wir.

9. Was uns geschehen solle, das lasset bald geschehn!
Ihr habt viel frische Recken; wenn die uns noch bestehn
Und sturmerschöpften Degen nicht gönnen Rast und Ruh,
So müssen wir hier sterben; keiner kehrt dem Rheine zu."

10. Etzels Recken ließen beinah' es schon geschehn:
Unbehindert sollten sie aus dem Hause gehn.
Doch als Kriemhild es hörte, ergriff sie grimme Qual.
Da widerrief man das Geding den Heimatlosen allzumal.

11. „Laßt ab, ihr Heunenrecken! Worauf steht euer Mut?
Ich rat' in rechten Treuen, daß ihr es nimmer thut.
Wenn ihr die Mordgesellen laßt aus dem Saale gehn,
So ist's um Leib und Leben eurer Freunde bald geschehn.

12. Und lebte niemand weiter als meine Brüder drei,
Utens edle Söhne, und gäbt ihr ihnen frei
Die Ring' am Wind zu kühlen, ihr wäret alle dahin.
Noch nie gebar die Erde Helden von so kühnem Sinn."

13. Da sprach der junge Giselher: „Vielliebe Schwester mein,
Du hast mich gar so freundlich geladen über Rhein.
Auch wahrt' ich stäte Treue und schuf dir nie ein Leid.
Drum üb' an uns nun Gnade! Was sonst geschehen, heilt die Zeit."

14. „Wie übt' ich Heil und Gnade, die Unheil nur empfahn?
Mir hat von Tronje Hagen so großes Leid gethan,
Daheim und hier zu Lande, (erschlug er doch mein Kind)
Daß schwer es büßen sollen, die mit euch hergekommen sind.

15. Doch gebt ihr mir zu Geisel meinen Feind heraus,
So lass' ich euch das Leben, ich schlag' es nimmer aus,
Dieweil ihr meine Brüder und einer Mutter Kind.
Gern red' ich dann zur Sühne mit Etzeln und seinem Ingesind."

XV. Wie Kriemhild den Saal verbrennen ließ. 73

16. „Davor sei Gott im Himmel!" rief Herr Gerenot;
 „Und wären unser tausend, wir lägen lieber tot,
 Wir Sippe deines Blutes, als daß wir einen Mann
 Dir zu Geisel gäben: nicht einer von uns denkt je daran."

17. „Wir müssen doch nun sterben," schloß Herr Giselher;
 „Doch niemand soll uns hindern an ritterlicher Wehr.
 Wer gerne mit uns stritte, hier sind wir halt aufs neu'.
 Noch keinem meiner Freunde brach ich jemals meine Treu'."

18. Da rief die stolze Königin: „Ihr Helden, frisch zum Streit!
 Rückt näher an die Stiege und rächet unser Leid!
 Ich will's euch ewig lohnen, wie es recht und gut.
 Heute soll mir Hagen büßen seinen Übermut!

19. Springt zum Haus, ihr Recken! Thut mein Gebot zuhand!
 An allen Ecken und Enden steckt den Saal in Brand!
 So wird wohl noch gerochen unser ganzes Leid."
 König Etzels Degen waren zu allem schnell bereit.

20. Die noch draußen stunden, die trieb man allzumal
 Mit Hieben und mit Schüssen wieder in den Saal.
 Trennen und scheiden mochten Fürst und Mann sich nicht;
 Sie ließen von einander nimmer in der Treue Pflicht.

21. Drauf hieß den Saal entzünden König Etzels Weib.
 Da quälte man mit Feuer der Recken Heldenleib.
 Durch Windeshauch entbrannte das hohe Haus mit Macht.
 Nie ward ein Heervolk, wähn' ich, in größre Qual und Angst
 gebracht.

22. Genug darinnen riefen: „O weh ob dieser Not!
 Wir fänden traun viel lieber in Kampf und Sturm den Tod.
 Ach, daß es Gott erbarme, wie man uns nimmt den Leib!
 Wie grausam an uns allen rächt ihre Wut des Königs Weib!"

23. Und einer seufzte drinnen: „Es schafft den schlimmsten Tod
 Der Rauch uns und die Hitze. Das ist die grimmste Not.
 Vor starker Glut bereitet der Durst mir bittres Weh.
 Ich fürchte, daß ich schmählich in diesen Qualen bald vergeh'."

XV. Wie Kriemhild den Saal verbrennen ließ.

24. Da sprach von Tronje Hagen: „Ihr Ritter stolz und gut,
Wen der Durst halt plage, der trinke hier das Blut:
Das ist in solchen Nöten noch besser selbst als Wein.
Auf andres wird hier nimmer zu Trank und Speise Hoffnung sein."

25. Da trat der Recken einer zu einem Toten heran.
Er nahm den Helm vom Haupte; zur Wunde kniet' er dann
Und schickte sich zu trinken des Blutes warmen Quell.
Wie ungewohnt es dünkte, ihm schuf es Labe voll und schnell.

26. „Das lohn' Euch Gott im Himmel," sprach der müde Mann,
„Daß ich so gute Labe durch Euren Rat gewann.
Fürwahr, mir ward gar selten geschenkt ein beßrer Wein.
Leb' ich noch ein Weilchen, so soll es Euch vergolten sein."

27. Kaum hörten all die andern sein Rühmen und seinen Dank,
Da fand sich noch gar mancher, der auch vom Blute trank.
Das that gar rasch erquicken der edlen Recken Leib.
Wie bald an lieben Freunden büßte das manch schönes Weib!

28. Jetzt fielen Bränd' auf Brände hernieder in den Saal;
Sie fingen sie mit Schilden und schwangen sie zuthal.
Der Rauch, dazu die Hitze schuf immer neue Pein.
Gleicher Jammer, wähn' ich, wird spätern Helden erlassen sein.

29. Da sprach Herr Hagen von Tronje: „Tretet an die Wand!
Laßt keine Brände fallen auf eurer Helme Band!
Tretet sie mit Füßen tiefer in das Blut!
Es ist ein übles Festgelag, wozu die Königin uns lud." —

30. In solchen grimmen Leiden verstrich den Helden die Nacht.
Noch hielten vor dem Hause zween kühne Männer Wacht,
Volker und Hagen, lehnend über der Schilde Rand.
So wahrten sie die Herren und ihr Gesind im Heunenland.

31. Da sprach der kühne Spielmann: „Gehn wir in den Saal!
Dann wähnen wohl die Heunen, wir seien allzumal
Der Not und Qual erlegen, die man uns angethan.
Ich denke doch, wir werden noch ihrer manchen drin empfahn."

XVI. Wie Rüdeger erschlagen ward.

1. Das Klagen früh am Morgen war wahrlich nicht gering,
So daß Gotlindens Gatte zu Hof hinüber ging.
Er sah auf beiden Seiten die Leiden groß und schwer.
Drob weinte recht von Herzen der vielgetreue Rüdeger.

2. „O wehe," rief der Recke, „daß ich das Leben gewann,
Dieweil dem wilden Jammer niemand wehren kann!
Wie gern ich schlichten möchte, der König duldet's nicht,
Da ihm an den Seinen Schaden mehr und mehr geschicht."

3. Kriemhilde saß bei Etzeln; die sprach in ihrem Leid:
„Ihr sagtet doch, Herr Rüdeger, Ihr wäret stets bereit
Ehr' und Leib zu wagen für mich und meinen Herrn.
Auch geben viele Recken den allerersten Preis Euch gern.

4. Ich mahn' Euch an die Treue; Ihr schwurt mir in die Hand,
Als Ihr mir angeraten die Fahrt in Etzels Land,
Ihr wolltet stets mir dienen, bis einer von uns tot.
Eurer Gunst und Treue war mir Armen nie so not."

5. „Das will ich nimmer leugnen: ich schwur Euch, edles Weib,
Gern für Euch zu wagen die Ehre samt dem Leib.
Die Seele zu verlieren, das schwur ich nimmermehr:
Eure stolzen Brüder, die führt' ich selbst zu Hofe her."

6. Sie sprach: „O wahre, Rüdeger, die Treue sonder Wank!
Mit Handschlag und mit Eiden versprachst du frei und frank
All meinen Schaden zu rächen und all mein Herzeleid.
Des laß dich heute mahnen. Auf, kühner Degen, sei bereit!"

7. Etzel auch, der stolze, hub zu flehen an.
Sie warfen sich zu Füßen vor ihrem Lehensmann.
Der wackre Markgraf schaute voll tiefer Trauer darein.
Der vielgetreue Recke sprach in bitterer Qual und Pein:

8. „O weh mir Gottesarmem! Wie ist mir doch geschehn!
Aller meiner Ehren soll ich verlustig gehn?
Aller Zucht und Treue, die Gott mir einst verliehn?
Du starker Gott im Himmel, ach könnt' ich sterbend dem entfliehn!

9. Was ich auch unterlassen, was auch beginnen mag,
Stets üb' ich schlimmen Frevel. O jammerreicher Tag!
Doch unterlaß' ich beides, so schilt mich alle Welt.
Erleuchte mich in Gnaden, mein Schöpfer hoch im Himmelszelt!"

10. Da flissen sich des Bittens der König und sein Weib.
Das sollte vielen Degen an Leben gehn und Leib
Durch die Hände Rüdegers, bevor er selber starb.
Bald sollet ihr vernehmen, wie furchtbar seine Klinge warb.

11. Es sprach der kühne Markgraf: „Ich bin Euch unterthan:
Herr König, nehmt es wieder, was ich von Euch empfahn,
Das Land und alle Burgen! Mir bleibe nichts vom Lehn!
Ich will mit diesen Füßen ins Jammerlos der Fremde gehn!

12. Will Weib und Tochter ruhig nehmen an die Hand
Und aller Güter ledig räumen Euer Land,
Eh' mich der Treue ledig hier finden soll der Tod.
Mir wäre böse Gabe das Gold, das Eure Huld mir bot."

13. Da sprach der König Etzel: „Wer anders hülfe mir?
Das Land mit allen Burgen, zu eigen geb' ich's dir,
So du an meinen Feinden mich rächest, Rüdeger.
Du wirst an meiner Seite ein eigner König hoch und hehr."

14. Aufs neue sprach Herr Rüdeger: „Wie führt' ich solches aus?
Daheim hab' ich sie selber geladen in mein Haus,
Allwo ich Trank und Speise ihnen in Treuen bot,
Dazu auch manche Gabe. Nun schlüg' ich diese selber tot?

15. Mag sein, die Leute nennen mich furchtsam und verzagt;
Doch hab' ich meinen Gästen keinen Dienst versagt;
Nun sollt' ich sie befehden? Das wäre Missethat.
Die ich mit ihnen geschlossen, die Freundschaft trüge böse Saat.

XVI. Wie Rüdeger erschlagen ward.

16. Meine Tochter gab ich dem Degen Giselher.
Nie war ein junger König so tugendreich wie er.
Kein Beſſ'rer konnt' ihr werden auf dieſer weiten Welt
An Züchten und an Ehren, dazu an reichem Gut und Geld."

17. Da ſprach Kriemhild hinwieder: „Vieledler Rüdeger,
Erbarm' dich unſrer Leiden ſo mannigfalt und ſchwer,
Der meinen und des Königs! Gedenke wohl daran,
Daß nie ein Wirt auf Erden ſo böſe Gäſte ſich gewann."

18. Da ſprach der edle Markgraf zu ſeines Königs Weib:
„Noch heute muß entgelten Rüdegerens Leib,
Was Ihr und mein Gebieter mir Liebes angethan.
Dafür muß ich nun ſterben. So mag denn die Entſcheidung
           nahn!

19. Ich weiß wohl, meine Burgen, dazu mein ganzes Land
Wird heut für Euch noch ledig durch eines Gegners Hand.
So befehl' ich Eurer Gnade mein liebes Weib und Kind
Und die verwaiſten Mannen, die drüben in Bechelaren ſind."

20. „Das lohne Gott dir, Rüdeger!" rief Etzel hocherfreut;
Der Königin ingleichen ward der Mut erneut:
„Uns ſollen deine Leute treu befohlen ſein.
Doch trau' ich meinem Glücke: du bleibſt wohl noch geſund
           und mein."

21. So galt es denn zu opfern die Seele wie den Leib.
Es hub ein lautes Weinen König Etzels Weib.
„Ich will Euch leiſten," ſprach er, „was ich zu Worms Euch
           ſchwor.
O weh, ich ſoll befehden, die Freund' und Gäſte mir zuvor!"

22. Da ſah man ihn vom Hofe in heißen Qualen gehn.
In der Nähe fand er ſeine Recken ſtehn:
„Ihr ſollt euch alle waffnen! Mannen, ſeid bereit!
Den kühnen Nibelungen gilt leider unſer Kampf und Streit."

XVI. Wie Rüdeger erschlagen ward.

23. Wappnen ließ sich Rüdeger mit fünfmalhundert Mann,
Dazu zwölf andre Recken, die er zu Hilfe gewann.
Sie wollten Ruhm erwerben in dieses Sturmes Not;
Sie ahnten nicht, wie nahe ihnen allen schon der Tod.

24. Bald sah man Rüdegeren unterm Helme stehn
Und seine Recken von hinnen mit scharfen Schwertern gehn;
Auch trugen sie in Händen die Schilde licht und breit.
Das sah der Fiedelmeister; es schuf ihm großes Herzeleid.

25. Auch Gieselher der junge sah seinen Schwäher nahn
Mit aufgebundnem Helme. Ihm kam mit Fug der Wahn,
Was jener damit meinte, sei alles lieb und gut.
Des ward der edle König so recht von Herzen frohgemut.

26. "Wohl mir ob solchen Freunden," rief Gieselher zuhand,
"Die wir gewonnen haben auf unsrer Fahrt ins Land.
Ein Frommen soll uns werden von meiner Trauten hier.
Daß der Verspruch geschehen, wie lieb und teuer ist es mir!"

27. "Ich weiß nicht, was Ihr jubelt," rief Volker; "laßt den Wahn!"
Wo saht Ihr je zum Frieden so viele Recken nahn
Mit aufgebundnen Helmen, mit Schwertern in der Hand?
Der will an uns verdienen seine Burgen und sein Land."

28. Kaum war des Fiedelmeisters weises Wort verhallt,
Da machte vor dem Hause der wackre Markgraf Halt.
Seinen Schild, den guten, setzt' er vor den Fuß.
Versagen mußt' er den Gästen seinen treuen Dienst und Gruß.

29. Da rief hinauf zur Stiege der Markgraf allzuhand:
"Nun wehrt euch, edle Recken aus Burgundenland!
Ihr solltet mein genießen, nun trag' ich Not euch ein:
Einst waren wir Gefreunde, jetzt muß ich euer Todfeind sein."

30. "Verhüte Gott im Himmel," sprach Gunther schier verzagt,
"Daß Eurer Huld und Güte Ihr gegen uns entsagt
Und Eurer großen Treue, darauf wir hier gezählt.
Noch will ich mich getrösten, daß Ihr so Böses nimmer wählt."

XVI. Wie Rüdeger erschlagen ward.

31. „Ich darf davon nicht lassen," sprach der kühne Mann;
    „Ich muß heut mit euch streiten: ich steh' in Eides Bann.
    Nun wehrt euch, kühne Degen, so lieb euch Leben und Leib!
    Mir wollt' es nimmer schenken König Etzels stolzes Weib."

32. „Ihr kündet uns die Fehde," sprach Gunther, „viel zu spat.
    Gott lohn' Euch, edler Rüdeger, was je uns Gutes that
    Eure Treu' und Milde! Der Himmel sei Euch hold,
    Wenn Ihr auch noch zum Schlusse Euch größrer Güte fleißen
    wollt.

33. Wir würden nie vergessen, schont Ihr unsern Leib,
    Ich selbst und meine Sippe, was Ihr samt Eurem Weib
    An Gaben uns gegeben, als Ihr mit stolzem Geleit
    Zu diesem Festgelage uns hergeführt so dienstbereit."

34. „Wie wünscht' ich euch zuliebe," sprach Herr Rüdeger,
    „Ich könnte meine Gaben noch oft und voll und schwer
    Nach Herzenslust euch wägen, wie ich es einst gedacht:
    Fürwahr, es würde nimmer des Geizes Vorwurf mir gemacht."

35. „Steht ab, edler Rüdeger," versetzte Gerenot,
    „Dieweil kein Wirt den Gästen je so freundlich bot,
    Wessen sie bedurften. Euch that's kein zweiter gleich.
    Bleiben wir am Leben, wir lohnen's Euch gewißlich reich."

36. „Wollte Gott im Himmel, vieledler Gerenot,
    Ihr wäret noch am Rheine, und Rüdeger wär' tot
    Mit nicht zu kargen Ehren, statt wider euch zu stehn.
    Schlimmres ist von Freunden an edlen Degen nie geschehn."

37. „Nun lohn' Euch Gott, Herr Rüdeger," sprach wiedrum Gerenot,
    „Eure reiche Gabe! Tief schmerzt mich Euer Tod,
    Wenn an Euch verdürbe so tugendreicher Mut.
    Hier trag' ich Eure Waffe: Ihr gabt sie mir, Held kühn und gut.

38. Nie ließ sie mich im Stiche in aller dieser Not:
    Unter ihrer Schneide sank mancher Ritter tot.
    Sie ist gar gut und herrlich, fest, scharf und licht.
    So reiche Gabe, wähn' ich, schenkt ein zweiter Recke nicht.

39. Wenn Ihr Euch nicht begebet und kühnlich an uns wagt,
Und falls Ihr dieser Freunde mir einen nur erschlagt:
Mit Eurem eignen Schwerte geht's Euch an den Leib.
Tief schmerzt Ihr mich, Herr Rüdeger, Ihr selbst und Euer herrlich Weib."

40. „Wollte Gott, Herr Gerenot, und möcht' es doch geschehn,
Daß wir Euren Willen erfüllt in allem sehn!
O wahrten Eure Freunde Leben doch und Leib!
Euch will ich gern vertrauen mein liebes Kind und liebes Weib."

41. Zur Antwort gab ihm Giselher, der edlen Ute Kind:
„O welch Beginnen, Rüdeger! Gar hold ist Euch gesinnt,
Wer mit mir hergekommen. Das nenn' ich üble Müh':
Eure schöne Tochter macht Ihr zur Wittib allzu früh."

42. „Gedenket Eurer Treue!" versetzte Rüdeger;
„Läßt Euch Gott von hinnen, König hoch und hehr,
So laßt die Magd nicht büßen, was einzig meine Schuld!
Bei aller Fürstentugend wahrt ihr Eure Gnad' und Huld!"

43. „Das thät' ich wohl mit Fuge," sprach Utens edles Kind;
„Doch meine Freund' und Mannen, die hier im Saal noch sind,
Wenn die durch Euch ersterben, so muß der Freundschaft Bund
Mit Euch und meiner Trauten geschieden sein. Das sei Euch kund."

44. „So gnad' uns Gott im Himmel!" sprach der kühne Mann.
Drauf hoben sie die Schilde und schickten flugs sich an
Zum Kampfe mit den Gästen in Frau Kriemhildens Saal.
Doch laut rief der Tronjer von der Stiege noch einmal:

45. „Verharret eine Weile, vieledler Rüdeger!
Ich und meine Herren, wir wollen erst noch mehr
Mit Euch in Güte reden; uns zwingt dazu die Not.
Was frommt doch König Etzeln der heimatlosen Gäste Tod?

46. Ich steh' in großen Sorgen, du Fürst so gut und mild:
Die Markgräfin schenkte mir diesen reichen Schild.
Ich führt' ihn voller Freuden mit her in Etzels Land.
Den haben mir die Heunen im Streit zerhauen vor der Hand.

XVI. Wie Rüdeger erschlagen ward.

47. Wollte Gott im Himmel," fuhr Hagen weiter fort,
„Mir würd' ein neuer guter zu teil an diesem Ort,
Wie du ihn hast vor Handen, vieledler Rüdeger:
Keiner Halsberge begehrt' ich wider Heunen mehr."

48. „Gern stünd' ich dir zu Diensten mit meinem eignen Schild,
Dürft' ich ihn dir bieten vor Königin Kriemhild.
Doch sei es, Hagen: nimm ihn hin und trag ihn vor der Hand!
O brächtest du ihn glücklich rheinüber nach Burgundenland!"

49. Da er ihm so willig den Schild als Gabe bot,
Da ward gar manches Auge von heißen Thränen rot.
Es war die letzte Gabe: Markgraf Rüdeger
Bot edlen Degen und Gästen hinfürder keine Gaben mehr.

50. Wie grimmig sonst auch Hagen, wie hart und wildgemut,
Ihn rührte doch die Gabe, die ihm so mild und gut,
So nah dem letzten Ende, der wackre Held gereicht.
Gar mancher edle Ritter ward mit dem Grimmen zu Leid
    erweicht.

51. „Das lohn' Euch Gott im Himmel, vieledler Rüdeger!
Euresgleichen findet sich nun und nimmermehr.
Wer wäre fremden Recken zu schenken so bestrebt?
Drum wolle Gott es fügen, daß Eure Tugend ewig lebt!

52. Auch lohn' ich selbst Euch freudig die Gabe hier am Ort:
Alles Böse meid' ich wider Euch hinfort:
Euch berühret nimmer im Streite meine Hand,
Und wenn Ihr auch erschlüget, was hier ist aus Burgunden=
    land."

53. Mit Züchten dankte dem Tronjer der wackre Rüdeger.
Die Männer weinten alle: daß Leiden also schwer
Niemand bannen konnte, schuf ihnen reiche Not.
Der Vater aller Tugenden lag bald in Rüdegeren tot.

54. Da rief auch aus dem Saale der kühne Fiedelmann:
„Da mein Geselle Hagen Euch Frieden bot, wohlan!
Ihr sollt ihn unverbrüchlich auch haben von meiner Hand.
Auch habt Ihr's um uns alle verdient auf unsrer Fahrt ins Land.

XVI. Wie Rüdeger erschlagen ward.

55. Vieledler Held, mein Bote   seid nach meinem Tod:
Die Markgräfin schenkte   mir diese Spangen rot,
Daß ich sie tragen sollte   bei Etzels Festgelag.
Das hab' ich treu vollführet,   wie Euer Mund mir zeugen mag."

56. „Wollte Gott im Himmel,"   sprach Herr Rüdeger,
„Die Markgräfin schenkte   der Gaben Euch noch mehr!
Die Zeitung bring' ich gerne   meinem trauten Weib,
Seh' lebend ich sie wieder.   Das schwör' ich Euch bei meinem Leib."

57. Kaum war's gelobt, da packte   den Schild Herr Rüdeger.
Sein Mut begann zu toben;   kein Zaudern gab es mehr.
Er stürmte zu den Gästen   hinan gar reckengleich:
Hei, der Markgraf führte   gar manchen schnellen Schwung und Streich!

58. Die beiden, Hagen und Volker,   wichen höher hinauf,
Wie sie ihm jüngst gelobten;   doch fand er in seinem Lauf
An des Thores Eingang   noch manchen kühnen Mann,
So daß mit großen Sorgen   Rüdeger den Streit begann.

59. Voll Mordbegierde ließen   ihn in den Saal hinein
König Gunther und Gernot;   jetzt galt es Held zu sein.
Beiseite trat jung Gieselher: ihm schuf es bittres Leid.
Noch pflag er stiller Hoffnung;   drum mied er Rüdegern im Streit.

60. Da drang nun auf die Feinde   Rüdegers Gesind:
Ihres Herren Ferse   folgten sie geschwind.
Ihre scharfen Waffen   blitzten in der Hand:
Drob barsten viele Helme   und manches reichen Schildes Rand.

61. Doch auch die Müden reichten   gar manchen jähen Hieb
Den Degen von Bechlaren,   der böse Zeichen schrieb
Und glatt durch lichte Ringe   tief ins Leben drang.
Hei, was an stolzer Arbeit   den Nibelungen im Sturm gelang!

XVI. Wie Rüdeger erschlagen ward.

62. Nun mochte das Gesinde wohl voll im Hause sein:
 Da sprangen flugs Herr Hagen und Volker auch hinein.
 Sie gaben niemand Frieden als nur dem einen Mann,
 Daß bald von beider Händen das Blut durch viele Helme rann.

63. Der Vogt von Bechelaren fuhr hinab, hinan,
 Wie einer, der des Sturmes gar mächtig walten kann.
 An jenem Tag that Rüdeger durch reiche Wunder kund,
 Daß er ein Recke wäre, den preisen müsse jeder Mund.

64. Der edle Markgraf Rüdeger, wohl war er stark genug;
 Und mit der guten Waffe was Helden er erschlug!
 Das sah wohl ein Burgunde voll Zorns ob dieser Not.
 Da nahte nun in Eile dem wackren Rüdeger der Tod.

65. Das war der starke Gernot. Der rief den Helden an:
 „Ihr treibt es arg: Ihr wollet mir auch nicht einen Mann
 Am Leben länger lassen, vieledler Rüdeger.
 Das kränkt mich ohnemaßen; länger trag' ich's nimmermehr.

66. Nun schafft Euch wohl noch Schaden die Gift, die Ihr mir gabt,
 Dieweil Ihr mir der Freunde soviel genommen habt.
 Kehrt Euch herum zu Gernot, vieledler, kühner Mann!
 Ich lohn' Euch Eure Gabe, so hohen Preis ich zahlen kann."

67. Bevor ihn noch erreichte der Mann der Gotelind,
 Da schuf er erst noch manchem die lichten Ringe blind.
 Dann stürmten auf einander voll Ehrbegier die zween.
 Da konnte man sich beide vor grimmen Wunden schirmen sehn.

68. Doch ihre Schwerter brachen jeden Widerstand.
 Gernoten schlug Herr Rüdeger durch den Helm zuhand:
 Jäh barst der kieselharte, in Strömen floß das Blut.
 Das vergalt dem Degen mit Zins der Ritter kühn und gut.

69. Hoch schwang die Gabe Rüdegers er in der Faust sogleich:
 Wie wund er war zum Tode, er gab ihm einen Streich
 Durch seinen Schild, den guten, bis auf des Helmes Band.
 Der schönen Gotelinde Mann, er mußte sterben in fernem Land.

XVI. Wie Rüdeger erschlagen ward.

70. Fürwahr, so reiche Gabe ward schlimmer nie gelohnt:
Tot sanken beide nieder, die sonst zu siegen gewohnt;
Sie fielen in einem Sturme von ihrer eignen Hand.
Nun erst ergrimmte Hagen, der diesen Schaden schwer empfand.

71. Da sprach der Held von Tronje: "Weh, bös ist uns gethan!
Wir haben an allen beiden gar großen Schaden empfahn.
Den überwinden nimmer beider Leut' und Land.
Alle Degen Rüdegers sind nun unser Unterpfand."

72. "O wehe!" klagte Gieselher, "so ist mein Bruder tot?
Das schafft zu allen Zeiten mir immer neue Not.
Auch muß mich ewig jammern mein Schwäher Rüdeger.
Mich traf von beiden Seiten Verlust und Leid so groß und schwer."

73. Als die Burgunden sahen, daß beide Helden tot,
Da büßten's, die noch lebten, mit allzu bittrer Not.
Der Tod ging um und suchte sein Gesind sich aus.
Der Degen von Bechlaren kam keiner lebend aus dem Haus.

74. Zuletzt sprach König Gieselher: "Wie schlimm uns auch geschehn,
Steht ab von eurem Weinen, laßt an die Luft uns gehn,
Die uns Sturmesmüden die Ringe kühlen mag.
Mich dünkt, der Herr verlängert das Leben uns nicht einen Tag."

75. Man sah in neuer Muße dort manchen fremden Mann:
Der saß nun auf der Stiege, der lehnte matt sich an.
Tot waren alle Feinde; drum schwieg des Sturmes Wut.
Befremdet ob der Stille erhob Kriemhild sich ungemut.

Die Kunde von Rüdegers Tod ruft an Etzels Hofe wilde Klagen wach. Dietrich mag die Nachricht nicht glauben und schickt nun seinen alten Waffenmeister Hildebrand mit Gefolge ab, um die Burgunden selber zu befragen. Er empfängt von Hagen die Bestätigung der Trauerkunde und bittet um die Leiche des treuen Toten, um ihr den letzten Dienst zu erweisen; da entfährt dem ungestümen Wolfhart das unheilvolle Wort: "Wie lange sollen wir flehen? Gebt uns unseren besten Trost heraus, damit wir ihn begraben." Diesen Trotz beantwortet Volker mit scharfem Spott; und jetzt fallen immer hohnvollere Wechselworte, an denen auch Hagen sich beteiligt. Hildebrand vermag Wolfhart nicht länger zurückzuhalten; wie ein Löwe stürzt dieser vor, und jählings folgen ihm seine Freunde; Hildebrand ereilt ihn im Sprunge noch vor der Stiege, um wenigstens zuerst in den Saal zu gelangen, nachdem der Kampf unausbleiblich geworden. Ein neues grausiges Blutbad beginnt, in welchem alle Burgunden und Goten fallen. Volker sinkt durch Hildebrands, Dankwart durch Helfrichs Hand, Giselher und Wolfhart töten sich gegenseitig. Um Volker zu rächen, wirft sich Hagen mit aller Macht auf Hildebrand und zerhaut ihm die Brünne, so daß dieser den Schild zur Deckung sich über den Rücken wirft und mit seiner Wunde flüchtet. Im Saale stehen Gunther und Hagen allein noch aufrecht unter all den Leichen. Blutberonnen überbringt Hildebrand seinem Herren die Nachricht. Dieser empfängt ihn mit bitteren Vorwürfen, daß er den Fremden den zugesicherten Frieden nicht gehalten, und bricht in Thränen und Wehklagen über Rüdegers Tod aus. Bald aber rüstet er sich, um von Gunther und Hagen Genugthuung für die Niedermetzelung seiner Amelungen zu fordern. Sie sollen sich ihm beide als Geiseln ergeben; dann wolle er sie sicher in die Heimat geleiten. Als Hagen dies als schmachvoll ablehnt und mit Hildebrand höhnische Wechselworte tauscht, greift Dietrich schließlich zu den Waffen.

XVII. Wie Dietrich von Bern Hagen und Gunthern bezwang, und wie Hildebrand Kriemhilden erschlug.

1. Als Dietrich so erkundet   Hagens grimmen Mut,
Da riß er flugs den Schild empor,   der Degen schnell und gut;
Und flugs auch von der Stiege   sprang Hagen auf ihn ein.
Hei, Balmungs Sturm und Wetter   auf Dietrichs Schilde war
nicht klein.

2. Aufs neue merkte Dietrich,   daß der kühne Mann
Gar wilden Mutes wäre.   Mit allem Fleiß begann
Der Berner sich zu schirmen   vor Hieben grimmer Art
Gar auserwählte Tugend   ward an Hagen wohl gewahrt.

3. Vor Balmungs scharfen Streichen   war Dietrich bang genug;
   Man sah, wie er mit Listen   nach Hagen wieder schlug,
   Bis er den starken Helden   im Streite doch bezwang:
   Er schnitt ihm eine Wunde,   die klaffte tief, breit und lang.

4. Da dachte nun Herr Dietrich: „Du bist erschöpft in Not;
   Mir schüf' es wenig Ehre,   gäb' ich dir den Tod.
   Ich will es so versuchen,   ob ich erzwingen kann,
   Daß du mir Geisel werdest."   Ein Werk voll Müh' und Angst
                                                        begann.

5. Den Schild ließ er fallen;   gar groß war seine Kraft:
   Er schloß den wunden Hagen   in seiner Arme Haft.
   So ward von ihm bezwungen   der wunderkühne Mann.
   Der edle König Gunther   hub darob zu trauern an.

6. Dietrich band den Tronjer   und führt' ihn alsobald
   Zu Frau Kriemhild der edlen   und gab ihr in Gewalt
   Den allerkühnsten Recken,   der je ein Schwert noch trug.
   Nach ihrem schweren Leide   erwuchs ihr Freud' und Lust genug.

7. Dem Recken dankte freudig   König Etzels Weib:
   „Gesegnet sei auf immer   so recht an Seel' und Leib!
   Du hast mich wohl entschädigt   nach aller meiner Not.
   Ich lohne dir's auf ewig;   nichts soll mich hindern als der
                                                        Tod."

8. „So lasset ihn am Leben!"   sprach der Held darauf;
   „Leicht fügt es, edle Fürstin,   wohl noch der Zeiten Lauf,
   Daß seine Dienste sühnen,   was Euch von ihm geschehn.
   Laßt es ihn nicht büßen,   daß er muß in Banden stehn!"

9. Kriemhild ließ Hagen führen   an einen bösen Ort;
   Dort lag er hinter Riegeln,   kein Auge sah ihn dort.
   Inzwischen hob Herr Gunther,   der edle Fürst, den Ruf:
   „Wo blieb der Held von Berne,   der mir so bittres Leiden schuf?"

10. Da trat ihm wieder entgegen   der Fürst der Berner Mark.
    Doch reckenhaft war Gunther;   sein Leib war also stark,
    Daß er nicht länger säumte;   er eilte vor die Thür.
    Von beider Männer Schwertern   brach ein wilder Schall herfür.

11. Wie hoch man stets gepriesen   Dietrichs Kraft und Mut,
So heiß entbrannt war Gunther   in Zorn und Grimm und Wut,
Dieweil nach allen Nöten   ihm der als Feind erstand:
Man nennt es noch ein Wunder,   daß jener hier den Tod nicht fand.

12. Beider Kraft und Stärke   war übermaßen groß:
Palast und Türme dröhnten   von manchem Schlag und Stoß,
Den ihre Schwerter führten   wider Helm und Schild.
Wohl erwies sich Gunther   als ein rechtes Heldenbild.

13. Da zwang ihn der von Berne,   wie dem Tronjer jüngst geschah:
Hei, wie durch Gunthers Ringe   das Blut man fließen sah!
Das schuf in Dietrichs Händen   ein wunderscharfes Schwert;
Doch hatte trotz Ermüdung   gar preislich Gunther sich gewehrt.

14. Der Recke ward gebunden   von Dietrichs eigner Hand.
Nie sollten Königsglieder   erdulden solches Band;
Doch dacht' er: „Läßt du ledig   den König und seinen Mann,
So kommt im Heunenlande   vor ihnen keiner heil vondann."

15. Der edle Vogt von Berne   nahm Gunthern bei der Hand;
Er führte zu Kriemhilden,   den strenge Fessel band.
Ob ihres Bruders Leide   schwand ihr Kummer schier.
„König Gunther," sprach sie,   „willkommen, hochwillkommen hier!"

16. Er sprach: „Ich sollt' Euch danken,   vieledle Schwester mein,
Möchte gnadenreicher   Euer Gruß nur sein.
Doch weiß ich Euch so grimmgemut,   hohe Königin,
Daß ich für mich und Hagen   gefaßt auf schlechten Willkomm bin."

17. Da sprach der Held von Berne: „Fürstin hoch und hehr,
So gute Ritter wurden   nie Geiseln noch bisher,
Wie ich nun, edle Herrin,   Euch gab in diesem Paar:
Den Armen zählt's zugute,   daß Dietrich einst ihr Herzfreund war."

18. Sie sprach: „Das will ich gerne." Da ging der kühne Mann
 Mit Thränen in den Augen alsogleich vondann.
 Bald rächte sich voll Grimmes König Etzels Weib:
 Sie nahm den Degen in Bälde, den auserwählten, Leben und
Leib.

19. Sie ließ getrennt sie liegen zur Mehrung ihrer Qual:
 Keiner sah den andern auch nur ein einzig Mal.
 Wohl hatte sie's verschworen, doch sprach das edle Weib:
 „Heut endlich mag ich rächen meines teuren Mannes Leib."

20. Sie ging wohl zu der Stätte, wo sie Hagen fand.
 In vollem Ingrimm sprach sie zum Recken allzuhand:
 „Was Ihr mir einst genommen, gebt mir das heraus!
 Dann kommet Ihr lebendig wohl noch zurück nach Heim und
Haus."

21. Da sprach der grimme Hagen: „Verschwendet ist das Wort:
 Ich schwur, vieledle Königin, den Nibelungenhort
 Nimmer auszuliefern und niemand kund zu thun,
 Eh' meine guten Herren nicht allzumal im Grabe ruhn."

22. „So bring' ich's denn zu Ende," beschloß das edle Weib.
 Ihr Bruder mußt' es büßen mit seinem stolzen Leib.
 Man schlug ihm ab das Königshaupt, und bei den Haaren trug
 Sie selbst es vor den Tronjer. Das schuf ihm Herzeleid genug.

23. Als der Zornentbrannte das Haupt des Herren sah,
 Wider Frau Kriemhilde sprach der Recke da:
 „Du hast's nach deinem Willen zu Ende nun gebracht,
 Und alles ist gekommen, wie ich daheim es mir gedacht.

24. So ist nun von Burgundenland der edle König tot,
 Giselher und Volker, Dankwart, Gerenot.
 Den Hort weiß nun keiner als Gott und ich allein:
 Der soll dir, böse Teufelin, immerdar verhohlen sein."

25. Sie sprach: „So böse Sühne habt Ihr mir gewährt?
 Doch eins soll mir verbleiben: Siegfrieds gutes Schwert;
 Das trug mein Herzgeliebter, als seinen holden Leib
 Ihr tückevoll gemordet." So sprach das jammerreiche Weib.

und wie Hildebrand Kriemhilden erschlug.

26. Sie zog es aus der Scheide,   auf seinen Tod bedacht.
    Solches ihr zu wehren   gebrach ihm jede Macht.
    Sie schwang das Schwert in Händen   und schlug ihm ab das Haupt.
    Das sah der König Etzel;   da war ihm alle Freude geraubt.

27. „Wehe," rief der König,   „tot von Weibes Hand
    Liegt der beste Degen,   den man auf Erden fand,
    Der je in Stürmen weilte   und je den Breitschild trug.
    Wie feind ich ihm gewesen,   es ist um ihn mir leid genug."

28. Da sprach der Meister Hildebrand: „Es frommt ihr nimmer nicht,
    Daß sie sich des erkühnte,   was mir auch geschicht.
    Wohl brachte der grimme Recke   mich selbst in bange Not:
    Dennoch will ich rächen   des kühnen Helden bösen Tod."

29. Voll Zorn sprang Meister Hildebrand   zu Frau Kriemhild sogleich:
    Er führte wider die Fürstin   einen grimmen Streich.
    Fürwahr, des Alten Eifer,   mit Wehe traf er sie;
    Doch mocht' es wenig frommen,   daß sie so ungebärdig schrie.

30. Des Todes Ingesinde,   nun lag es Leib an Leib;
    Zu Stücken auch zerhauen   lag das edle Weib.
    Der Vogt von Bern samt Etzeln   hub lautes Weinen an:
    Sie klagten um alle Freunde,   sie klagten um manchen treuen Mann.

31. Was ehrenreich gewesen,   dort lag es alles tot.
    Die Leute stunden alle   in Jammer und in Not.
    Mit Leide war beendet   des Königs Festgelag,
    Wie Freud' und Liebe mit Leide   gern auf Erden enden mag.

32. Ich kann euch nicht bescheiden,   was weiter dort geschah,
    Nur daß man Christen und Heiden   gemeinsam jammern sah.
    Lassen wir nun liegen,   was da kalt und tot.
    Hier hat die Mär' ein Ende.   Das ist der Nibelungen Not.

I. Abtheilung (1 Vorgeschichte № 1–4 Hage
Island und Hilde v. Indien.

II. Akt. (2. Vorgeschichte) № 5–8. Hilde
Island u. weiter. u. ~~Hagelsinn~~

III. Akt. (Eigtl. Geschichte № 9 32 Gudr.
    A. Gudruns Entführung № 9–19
    B. Gudruns Elend 20–26
    C. Gudruns Befreiung 26–32.

Gudrun.

———

       32   3

I. Abth. 1 st ... № 1–4 . Hage
   Island und Hilde v. Indien.

II. Akt. 2 Vg. . . . № 5–8. Hilde
   Island u. weiter.

III. Akt. eigtl. . . . .
    A. . . . . № 1–
    B. Gudruns Elend . . –21
    C. Gudruns Befreiung . . – 32

1.   auch Fürst der Hellsingende
genannt.   Hellen

2. Die Normannische Kriegstüchtigkeit
    Ende von Dänemark – Handelsthätigkeit
          "   " – Sanges Freude
    und Künstlerische Begabung.

Hagen, der Sohn des Irenkönigs Sigeband und seiner Gattin Ute, wird als achtjähriger Knabe von einem Greif geraubt und in eine weitentlegene wüste Felseninsel getragen. Durch List und Mut überwindet er allerlei Gefahren, tötet den Greif nebst seiner Brut und erschlägt ein drachenartiges Ungeheuer, Gabilun genannt; ein Trunk von dessen Blute verleiht ihm Riesenstärke und neue Gedanken. So wächst er zum Jüngling heran; da naht ein Pilgerschiff dem Eiland und befreit ihn und drei junge Königstöchter, welche der Greif ebenfalls geraubt hatte, aus ihrer langen Haft, indem es sie in Hagens Heimat führt. Sigeband tritt die Krone an seinen wiedergewonnenen Sohn ab, der nun eine der drei Leidensgefährtinnen, Hilden aus dem Inderland, zur Gattin erwählt. Der Ehe entsprießt eine Tochter, gleichfalls Hilde genannt. Kaum ist sie herangewachsen, als schon der Ruf von ihrer unvergleichlichen Schönheit in alle Lande dringt und viele Freier anlockt. Doch der stolze und grimmig starke Vater will sie keinem geben, der ihm selber an Macht nachstehe, und läßt an zwanzig Werbeboten erhängen. — Trotzdem ist Hetel, König der Hegelingen (Friesen), fest entschlossen, die schöne Irenjungfrau zu seinem Weibe zu machen. Er rüstet eine Anzahl starker Schiffe mit den reichsten Schätzen und mit auserlesenen Recken aus; die Führung übernehmen der alte, übermenschlich starke Wate von Stürmen sowie zwei Dänen, der lebenserfahrene, listenreiche Frute und der liebenswürdige, liederkundige Horand; ihnen schließen sich außerdem die jungen Helden Irold und Morung an. In Irland geben sie sich für Kaufleute aus, die von Hetel vertrieben seien. Mit Ausnahme einer kleinen Schar muß sich die ganze Schiffsbemannung unter dem Deck verborgen halten. Hagen, durch reiche Geschenke geehrt, gewährt den Fremden Schutz und Handelsfreiheit und empfängt sie auf Wunsch seiner Tochter sogar an seinem Hofe. Wate gewinnt durch trotzige Mannhaftigkeit und einen Anflug von Humor, Frute durch seine Freigebigkeit, Horand durch seine Gesangskunst bald aller Herzen.

1. Wie süß Horand sang.

1. Es war an einem Abend;   da ward des Glückes Gunst
Den Fremden reich zu teile.   Das schuf des Helden Kunst:
Jung Horand sang so herrlich,   daß mit Wohlgefallen
Alle Hörer lauschten.   Die Vöglein ließen selbst ihr fröhlich
  Schallen.

2. Dem König war es Labe   und manchem kühnen Mann,
So daß der Däne Horand   sich Freunde viel gewann.
Auch war zur alten Königin   sein Lied emporgedrungen
Durch der Zinne Scharten.   Dort saß sie mit den Frauen, alt
  und jungen.

3. Da sprach die schöne Hilde: „Was hört' ich für Gesang?
Die allerschönste Weise,   die je ins Ohr mir drang
Auf dieser weiten Erde,   hab' ich jetzt vernommen.
Wollte Gott im Himmel,   sie glückte meinen Kämmrern gleich
  vollkommen!"

4. Hagens Degen sprachen: „Herr, meinet Ihr nicht auch?
So krank und siech ist keiner,   daß solcher Lieder Hauch,
Wie seinem Mund entströmen,   nicht stillte Schmerz und Klagen."
„Wollte Gott im Himmel,   ich selber könnte sie!" versetzte
  Hagen.

5. Das Wild tief im Walde   ließ seine Weide stehn;
Der Käfer in dem Grase   mochte nimmer gehn;
Die Fische, die so gerne   durch die Fluten schießen,
Regten keine Flosse. —   Er sollte seiner Kunst gar reich ge-
  nießen.

6. Den Sänger ließ entbieten   das schöne Mägdelein,
Doch heimlich vor dem Vater,   ganz heimlich sollt' es sein.
Auch ihrer Mutter sollte   man hehlen diese Märe,
Daß des Sanges Meister   zu Abend in ihrer Kemenate wäre.

I. Wie süß Horand sang.

7. Sie hieß ihn niedersitzen. Die edle Magd begann:
"Der Sang, den ich vernommen, aufs neue stimmt ihn an!
Sein trag' ich tief Verlangen. Eures Mundes Töne
Sind aller Kurzweil Krone, ein Kleinod von der allerreichsten
Schöne."

8. "Dürft' ich, holde Jungfrau, ohne Furcht und Scheu,
Daß Euer Vater, der König, das Haupt mir nimmt, aufs neu
Ein Lied vor Euch erheben, ich würde froh mich eilen.
Ich dient' Euch gerne, säh' ich Euch näher meines Herren
Lande weilen."

9. "Wer ist dein Herr?" frug Hilde, "und wie ist er genannt?
Trägt er eine Krone, und hat er eignes Land?
Fürwahr, ich bin im Herzen ihm hold um deinetwegen."
Da sprach der kühne Däne: "Kein König ist an Macht ihm
überlegen.

10. Und verrät uns keiner, so meld' ich dir gar gern,
Allerschönste Jungfrau, von meinem edlen Herrn,
Was er uns aufgetragen, da er um deinetwillen
Zu deines Vaters Burg und Land uns sandte, seiner Sehn
sucht Weh zu stillen."

11. Sie sprach: "So laß mich hören, was mir dein Herr entbeut
Als Gruß aus eurem Lande. Und wenn es mich erfreut,
So will ich, eh wir scheiden, dir meine Meinung sagen."
Die Scheu vor König Hagen schuf bei Hof dem Sänger Un-
behagen.

12. Doch sprach er zu der Jungfrau: "Mein Herre thut dir kund,
Daß dich sein Herze minne aus allertiefstem Grund.
So laß ihn nun, o Herrin, genießen deiner Güte.
Dein Bild hat alle Frauen verdrängt aus seinem Herzen und
Gemüte."

13. Sie sprach: "Dieweil so gütig dein lieber Herr nun ist,
So laß' ich von der Absicht fortan zu keiner Frist:
Ich lohn' ihm, daß er nur auf mich gestellt sein ganzes Sinnen.
Wagt' ich's vor dem Vater, so zög' ich frohbereit mit euch von
hinnen."

14. Er sprach: „Wir nehmen Abschied   von dieses Reiches Bann.
    Drum liegt mit einer Bitte   flugs Eurem Vater an:
    Wie dünkt Euch, edle Jungfrau,   wenn Ihr bereit ihn machtet,
    Daß er mit Weib und Tochter   zum Abschied unsre Kiele sich
                                                        betrachtet?"

15. Drauf schlich er fort und machte   dem alten Wate kund,
    Die edle Jungfrau minne   aus tiefstem Herzensgrund
    Ihren Freund Hetel,   den Herrn der Hegelingen.
    Dann dachten sie auf Wege,   die Jungfrau sicher mit sich heim=
                                                        zubringen.

16. Verhohlen blieb den Fren   der ganze kühne Plan:
    Was nötig schien zur Wiederfahrt,   gar heimlich ward's gethan.
    Sie sagten's nun den Degen,   die in den Schiffen lagen.
    Die hörten's voller Jubel: die Rast schuf ihnen längst schon
                                                        Unbehagen.

Die Fremden rüsten alles zur Abfahrt; dem König gegenüber, der sie für immer bei sich behalten möchte, geben sie vor, Hetel habe ihnen Sühne bieten lassen, und ihre Frauen und Kinder sehnten schon längst ihre Heimkehr herbei. Als einen besonderen Huldbeweis erbitten sie noch von Hagen einen Abschiedsbesuch auf ihren Schiffen: er möge mit Frau und Tochter und Gefolge ihre seltenen Schätze in Augenschein nehmen. Geschickt wird Hilde hier= bei von den Ihrigen getrennt, und fort geht es mit der vielum= worbenen Beute. Die Schiffe legen in der Grenzmark Waleis an, bis wohin Hetel seiner Braut zur Begrüßung hochbeglückt entgegen= kommt. Doch kaum tagt der nächste Morgen, da segelt Hagen mit einer starken Flotte heran, um die Schmach der Entführung seiner Tochter zu rächen. Auf dem Strande entbrennt ein äußerst grimmiger Kampf. Hagen verwundet Waten, kommt jedoch durch diesen selber in Todesgefahr. Auf Hildens Bitte stiftet Hetel zwischen den Streitenden Frieden. Hagen verzeiht seiner Tochter und ihren Entführern, und als er Hetels Macht und Reichtum mit eigenen Augen kennen lernt, da ist er mit der Verbindung in hohem Grade zufrieden.

Hilde beschenkt ihren Gatten mit einem Sohn und einer Tochter, Ortwin und Gudrun. Die letztere hat die ganze Schönheit ihrer Mutter ererbt, so daß auch sie, kaum zur Jungfrau erblüht, von

II. Wie Herwig in Hetels Land einfiel und Gudrunen gewann.

vielen Fürsten umworben wird. So auch von Hartmut, dem Sohne des Königs Ludwig von Normannenland, der in seinem Vorhaben von seiner Mutter Gerlinde thatkräftig unterstützt wird. Doch er wird mit seiner Werbung von Hilden als unebenbürtig abgewiesen, weil sein Vater von dem ihrigen mit Land belehnt worden sei. Gerlinde sinnt auf Rache, und Hartmut ist entschlossen seinen Plan trotz aller Hindernisse auszuführen.

II. Wie Herwig in Hetels Land einfiel und Gudrunen gewann.

1. Nun schweigen wir fürs erste   von Hartmuts jungem Harm.
   Auch dem Fürsten Herwig   (gar mächtig war sein Arm)
   Ward im Herzen wehe   nach Gudruns hoher Minne.
   Mit seiner ganzen Sippe   befliß er sich, daß er die Magd ge=
   winne.

2. Zuletzt verbot ihm Hetel   die Werbung um sein Kind.
   Da ließ ihm Herwig melden,   (sein Zorn war nicht gelind)
   Er ruhe nicht: bald solle   ihn jener sehn mit Schilden
   Zu seinem großen Schaden,   zum Leid auch für die Königin,
   Frau Hilden..

3. Als König Hetel hörte,   daß der mit seiner Schar
   Ohne Furcht und Zagen   schon auf dem Wege war,
   Da sagt' er's seinem Weibe   und seinen besten Helden:
   „Wie dünkt Euch, Fürstin? Gäste   nahn freundlich unserm Hause,
   hör' ich melden."

4. „Was mich bedünkt? Nun wahrlich,   ich heiß' es recht und gut.
   Man lobt den Ritter billig,   der solches schafft und thut,
   Sei's mir zu Lust, zu Leide,   was man in Ehren preise.
   Wie könnt' es ihm mißraten?   Herwig ist so wacker und so
   weise."

5. Der König und seine Mannen   säumten schier zu lang.
   Herwig war der erste   im grimmen Schwerterschwang.
   Bei nächster Morgenkühle   stund er vor der Feste,
   Drin König Hetel wohnte.   Bald wies er sich als schlimmsten
   schlimmer Gäste.

II. Wie Herwig in Hetels Land einfiel und Gudrunen gewann.

6. Noch schliefen alle Mannen in Hetels weitem Saal,
Da rief von hoher Zinne ein Wächter laut zuthal:
"Empor aus euren Decken! Wir haben fremde Gäste!
Waffnet euch, ihr Recken! Manch lichter Helm erglänzt am
Thor aufs beste!"

7. Sie sprangen von den Betten, nicht einer säumte mehr;
Ob jemand arm und niedrig, ob jemand hoch und hehr,
Für alle galt's die Ehre, den Schutz und Schirm des Leibes.
In also hartem Sturme begehrte König Herwig seines Weibes.

8. Gewappnet waren drinnen wohl hundert oder mehr.
Der Burgwirt griff auch selber mit heißer Lust zur Wehr.
Sein Volk stritt gar mutig; umsonst war all sein Ringen:
Man sah den starken Herwig schweren Schaden über Heteln
bringen.

9. Wie schlug aus seinem Helme (sein Schwert pfiff wie der Wind)
Fürst Herwig heiße Funken! Das sah des Wirtes Kind;
Die schöne Gudrun sah es nicht sonder Augenweide:
Der Held erschien ihr wacker; ihr edles Herze schwoll vor Lust
und Leide.

10. Ihren Mannen stürmten die beiden Recken voraus,
Hetel wider Herwig. Wie entsprühte da im Strauß
Die Lohe dem Gespänge, das ihre Fäuste deckte!
Nicht lang, da wußten beide, wer den andern gar so sänftlich
neckte.

11. Die schöne Gudrun spähte und hörte den wilden Schall.
Das Glück, es gleicht der Kugel: oft rollt es wie ein Ball.
Die edle Jungfrau mochte kaum anders selbst entscheiden:
Dem Vater und dem Gaste wünschte sie Erfüllung — allen
beiden.

12. Sie rief mit lauter Stimme durch den weiten Saal:
"Hetel, Herr und Vater, schon rieselt rings zuthal
Das Blut durch Halsbergen; auch rinnt's von allen Wänden.
Herwig ist ein Nachbar, der böse Grüße beut mit vollen Händen.

II. Wie Herwig in Hetels Land einfiel und Gudrunen gewann.

13. Um meinetwillen beide   befriedet jetzt den Streit
    Und gönnet Herz und Gliedern   für eine kurze Zeit
    Ruhe von dem Kampfe: ich möcht' euch beide fragen,
    Wo König Herwig hause   mit der erles'nen Heerschar seiner Magen."

14. Da sprach der edle Ritter: "Der Friede mag ergehn,
    Darf ich unbewaffnet   vor Eurem Antlitz stehn.
    Gern künd' ich Euch, o Herrin,   von meinen Mannen und Magen.
    Gönnt man derweil mir Ruhe,   so möget Ihr nach Wunsche mich befragen."

15. Mit hundert seiner Degen   trat er vor sie hin.
    Die Hegelingen=Jungfrau,   entzweit im eignen Sinn,
    Empfing den jungen Helden,   umringt von ihren Frauen.
    Der Ritter gut und edel   mochte diesen noch nicht völlig trauen.

16. Herwig sprach zu Gudrun: "Man hat mir jüngst gesagt,
    (Doch ob meinem Schwerte   habt Ihr's wohl schon beklagt)
    Ihr hättet mich verschmähet   als zu gering von Blute.
    Schon oft kam reichen Leuten   Unterschlupf bei armen recht zu gute."

17. "Wo wäre doch die Jungfrau,   die solchen Mann verschmäht?
    Die solches Dienen und Werben   mit Zorn und Haß erspäht?
    Nimmermehr!" rief Gudrun;   "wie sollt' ich Euch mißachten?
    Nie saht Ihr Mädchenaugen,   die Euch mit gleicher Huld entgegenlachten.

18. Und willigten die Sippen,   die nächsten, gern darein,
    So wollt' ich, wie Ihr's wünschet,   allzeit bei Euch sein."
    Er sah ihr in die Augen   mit tiefer, treuer Neigung:
    Sie trug ihn recht im Herzen   und dacht' auch vor der Welt nicht an Verschweigung.

19. "Und wolltet Ihr mich minnen,   vielschönes Mägdelein,
    Mit allen meinen Sinnen   ergeben würd' ich sein
    Eurem Wunsch und Willen.   Burgen, Mannen, Magen,
    Das alles sollt' Euch dienen;   ihr Eifer schüfe mir ein reich Behagen."

III. Wie Hetel seiner Tochter nacheilte,

20. Nach Rat seiner Sippe   hub König Hetel an
 Sein liebes Kind zu fragen,   ob sie den edlen Mann
 Zu ihrem Gatten wünsche,   den Helden reich an Ehren.
 Da sprach die holde Jungfrau: „Wie könnt' ich einen bessern
 Freund begehren?"

21. Da verlobte man zur Stunde   dem Recken das süße Bild,
 Der sie in trautem Bunde   zu krönen treu gewillt.
 Doch Lust und Trübsal sollten   ihm bald daraus ersprießen:
 Man sah gar bald im Sturme   das Blut aus guter Degen
 Wunden fließen.

Auch der mächtige König Siegfried von Morland hatte schon vorher sein Auge auf die schöne Gudrun geworfen; doch auch seine Werbung war von Hetel stolz abgewiesen. Als nun die Kunde von Gudruns Verlöbnis mit König Herwig zu ihm drang, da rüstete er eine gewaltige Flotte und ein zahlreiches Heer aus und fiel in das Land des bevorzugten Mitbewerbers ein. Herwig leistet lange den tapfersten Widerstand, muß sich jedoch zuletzt zurückziehen, bis ihm Hetel ein starkes Hilfsheer zuführt. Diese günstigen Umstände werden von Hartmut und Ludwig zu einer Überrumpelung des nur schwach besetzten Hegelingenlandes benutzt. Die Königsburg muß sich ergeben, und Gudrun wird nebst zweiundsechzig Jungfrauen von den Normannen entführt. — Als Hetel und Herwig Kunde von diesem Unglück erhalten, machen sie mit dem Morenkönig Frieden, der ihnen seine Hilfe bei der Verfolgung der Räuber zusagt. Wate setzt sich zu diesem Zwecke schleunig in Besitz von siebzig Pilgerschiffen.

III. Wie Hetel seiner Tochter nacheilte, und wie auf dem Wülpensande gestritten ward.

1. Es war ein breiter Werder,   der hieß der Wülpensand.
 Da hatten die Normannen   aus König Ludwigs Land
 Den Rossen und sich selber   gute Rast bereitet.
 Dort sollten sie erfahren,   wie schnell nach Ungebühr die Rache
 schreitet.

2. Auch die edlen Geiseln aus Hegelingenland
 Hatten sie geborgen auf dem wilden Strand.
 Rings sah man auf dem Plane Feuer, die lustig lohten.
 Sie glaubten in blindem Wahne, daß ihrer Ruh Gefahren
    nimmer drohten.

3. Früh morgens sah der Steuermann (er übte treue Hut)
 Ein Schiff mit reichen Segeln sich schaukeln auf der Flut.
 Dem König hieß er's melden. Herr Hartmut und die Seinen
 Die riefen: „Pilger sind es: wir sehen in den Segeln Kreuze
    scheinen!"

4. Darauf entdeckten jene drei Kiele fest und schwer,
 Dazu neun reiche Prahme; die führten durch das Meer
 Gar manchen, dessen Kleider das Kreuz noch wunderselten
 Zu Gottes Ehr getragen. Bald sollten die Normannen den
    Wahn entgelten.

5. Die kamen nun so nahe, daß man Helmesglast
 Sah blitzen von den Schiffen. Vorbei war nun die Rast.
 Nun harrte grimmer Schade Ludwigs und der Seinen.
 „Wohl auf!" rief König Hartmut; „da kommen, die es böslich
    mit uns meinen!"

6. Die strebten jach zum Strande. Geführt von manchem Mann,
 Knirschten laut im Sande die Ruder ab und an.
 Die auf dem Ufer stunden, die Alten samt den Jungen,
 Sie traf es wie ein Wunder, doch kamen sie zum Streit her=
    beigesprungen.

7. Laut rief König Ludwig alle Mannen an
 (Es war nur eitel Kinderspiel, was er zuvor begann):
 „Heut gilt's zum ersten Male mit Helden sich zu messen!
 Wer meinem Banner mutig folgt, wird nie von meiner milden
    Hand vergessen."

8. Hartmuts Heerzeichen trug man an das Meer.
 Die Schiffe waren nahe, sodaß man mit dem Speer
 Vom gelben Ufergrande sie schon berühren konnte.
 Ich wähne, daß Herr Wate, der alte, seinen Schild nicht müßig
    sonnte.

9. Nie wehrte man so grimmig einem Feind das Land.
Die Hegelingen drängten mit aller Macht zum Strand.
Mit Speeren und mit Stangen begann ein wildes Zielen.
Nie sah man in den Bergen das Schneegeflock beim Nord so emsig spielen.

10. Der Speerwechsel dröhnte; die Zeit währte lang,
Bis sie das Land gewannen. Der alte Wate sprang
Mächtig in die Feinde, die zunächst ihm stunden.
Seines Grimmes Eifer ward von ihnen schwer genug empfunden.

11. Ludwig von der Normandie rannte Waten an.
Mit eisenscharfem Speere schoß er nach dem Mann,
Daß des Schaftes Stücke sausten in alle Winde:
So wunderstark war Ludwig. Da drang heran auch Watens Heergesinde.

12. Auf Ludwigs Helmgespänge that Wate solchen Schwang,
Daß des Schwertes Schneide schier bis aufs Haupt ihm drang.
Und trug er unter der Brünne kein Hemd von guter Seiden,
Wie Abalie sie liefert, so mußt' er hier am Strand den Tod erleiden.

13. Mit knapper Not entging er ihm; doch mußt' er in jäher Hast
Die Kampfstätte räumen. Ein bitterböser Gast
War Wate, wo Ruhm von Feinden er strebte zu erwerben.
Man sah von seinem Arme dort noch manchen guten Recken sterben.

14. Hartmut und Jrold stürzten auf einander los.
Von beider Schwert und Helme war der Schall so groß,
Daß man ihn hören mochte auch durch die fernsten Scharen:
Mit Kühnheit pflegte Hartmut, mit Kraft im Streit auch Jrold nicht zu sparen.

15. Der wackre Seelandsrecke vermocht' in heißem Mut
Den Strand nicht zu erreichen; da sprang er in die Flut.
Bis hoch zur Achselhöhle stand er in den Wogen.
Um wunderschweren Frauendienst war der kühne Herwig nicht betrogen.

und wie auf dem Wülpensande gestritten ward. 103

16. Den edlen Helden wollten   die Feinde gern im Meer
    Erschlagen und ertränken.   Mancher gute Speer
    Ward an ihm zerbrochen.   Er strebte schnell zum Strande
    Den Feinden kühn entgegen.   Bald büßte mancher seinen Grimm
    im Sande.

17. Das war ein böses Werben   um Uferrand und Flut!
    Das war ein reiches Sterben!   Rot wie eitel Blut
    Sah man allenthalben   die Meereswogen fließen,
    So weit: es konnte niemand   mit einem Speer den Streifen
    überschießen.

18. Auch ward in schwerem Ringen   (wem ward ein gleiches kund?)
    Gar mancher gute Degen   getaucht bis auf den Grund.
    Sie konnten ein Land bevölkern,   die ohne Wunden starben.
    Doch war auch reich Genügen   an Widersachern, die zugleich
    verdarben.

19. Der harte Kampf währte   die Tageshelle lang,
    Da jeder Ruhm begehrte   in wildem Zwang und Drang.
    Doch sollte manchem Degen   sein Mühen hier zerrinnen,
    Wo Hetels Freunde rangen   ihm die Tochter wieder zu gewinnen.

20. Schon sank der Abend nieder.   Da wuchs des Königs Leid:
    Ludwigs Mannen waren   zu jeder That bereit:
    Sie mochten kaum noch hoffen   heimlich zu entweichen.
    Drum wahrten sie die Fürstin   voll grimmen Muts mit doppelt
    schweren Streichen.

21. Nun drang der König Hetel   auf König Ludwig ein.
    In beider Händen blitzte   der Schwerter heller Schein.
    Jeder fand am andern,   welch starker Feind er wäre.
    Da sank ins Blut Herr Hetel.   Bald ward den Seinen jam=
    mervolle Märe.

22. Als der wilde Wate   erfuhr des Königs Tod,
    Da knirscht' er wie ein Eber.   Gleich dem Abendrot
    Sah man Helme scheinen   von seinen schnellen Schlägen.
    Er und all die Seinen   thäten sich zur Rache grimmig regen.

23. Auch Ortwin wollte sühnen   seines Vaters Blut,
    Und Horand kam gesprungen   mit Mannen kühngemut.
    Der Kampf begann aufs neue,   es war ein wüstes Schlachten.
    Der Tag war nun zu Ende,   und auf dem Werder hub es an
        nachten.

24. Da ertönte Herwigs Stimme: „Hier waltet blinder Mord!
    Seit tiefes Dunkel lagert   auf des Ufers Bord,
    Erschlagen wir einander,   Feind und Freund daneben.
    Währt solches bis zum Morgen,   so ist der dritte Mann nicht
        mehr am Leben!"

25. Die Heißergrimmten ließen   nur ungern von dem Streit.
    Sie schieden mit müden Händen   und gingen still beiseit;
    Doch thäten sie so nahe   bei einander rasten:
    Wo die Feuer brannten,   sahn sie wechselnd Helm und Schilde
        glasten.

26. Voll List sprach König Ludwig: „Nun legt ihr Mannen all'
    Das Haupt auf eure Schilde   und hebet lauten Schall!
    So ahnen sie es nimmer,   die blöden Hegelingen,
    Daß ich mit Fleiß betreibe   von dem Werder euch hinwegzu-
        bringen."

27. Ludwigs Rat befolgten   Magen und Mannen schnell.
    Trommeln und Posaunen   ertönten plötzlich hell,
    Als ob sie Sieger wären   und all das Land ihr eigen.
    Des alten Königs Listen   begannen sich in voller Kraft zu zeigen.

28. Doch ward auch allenthalben   gejammert und geklagt;
    Da ward den armen Kindern   das Weinen untersagt:
    Die ihr Geschrei nicht ließen,   die wolle man ertränken;
    Bei geringstem Laute   werde man sie in das Meer versenken.

29. Ihre volle Habe   trug man still an Bord.
    Doch die erschlagen waren,   die Toten ließ man dort.
    Mit bitterm Leid vermißten   der Freunde sie so viele.
    Drum blieb am Strand zurücke,   von Mannschaft leer, gar
        mancher ihrer Kiele.

30. Mit also großen Listen   gelangten sie auf See,
Die Recken der Normannen.   Den Frauen war so weh,
Daß sie ihren Sippen   die Flucht verhehlen mußten.
Die lagen auf dem Werder,   ohne daß sie von dem Plane
                                                   wußten.

31. Noch eh der Morgen graute,   trug jene schon die Flut,
Mit denen Kampf erhoffte   der Dänen kühner Mut.
Wate sprang vom Lager   und rief, der Bläser sollte
Mit Macht das Heerhorn blasen,   dieweil er reiche Wunden
                                                  spenden wollte.

32. Flugs kamen alle Scharen   von Hegelingenland
Zu Roß und Fuß gezogen   über Sand und Grand.
Nach Ludwig stund ihr Trachten,   nach allen seinen Mannen.
Sie glühten von wilder Kampfbegier: o weh, da war der Feinde
                                                   Heer von dannen!

33. Man fand nur leere Schiffe   und ledig Streitgewand;
Das lag zerstreut, zerschroten   auf dem Wülpensand.
Nie sah man solche Fülle   herrenloser Waffen.
Das war ein böser Schlummer!   Wie sollte man noch Sühne
                                                  sich verschaffen?

34. In wildem Zorn und Jammer   klagte Hetels Sohn,
Daß sie entwichen wären   ohne vollen Lohn.
Er rief: „Wohlauf, ihr Helden,   ob wir sie noch ereilen,
Eh' sie die Bucht verlassen!   Sie mögen am Gestade wohl noch
                                                   weilen."

35. Gern wär' der alte Wate   jenen nachgesetzt,
Doch Luft und Wind zu prüfen   befliß sich Frute jetzt.
Dann sprach er zu den Recken: „Was hilft uns alles Eilen?
Ihr dürft mir wahrlich glauben: die sind schon fern wohl an
                                                   die dreißig Meilen.

36. Auch haben wir der Mannen   schwerlich noch genug,
Um jenen recht zu schaden.   Es wäre Selbstbetrug.
So hört, was wir euch sagen,   und mag's euch nicht verdrießen:
Die könnt ihr nicht erjagen.   Drum ziemte sich's, daß wir das
                                                   Reden ließen.

37. Tragt lieber auf die Schiffe   die Wunden nun geschwind!
　　Sammelt auch die Toten,   die uns erschlagen sind,
　　Und auf dem wilden Strande   heißet sie begraben!
　　Sie sind ja unsres Blutes;   wie sollten sie davon nicht Nutzen
　　　　　　　　　　　　　　　　　　　haben?"

38. „Noch wollt' ich's wohl verschmerzen,"   fiel Morung seufzend ein,
　　„Was selber wir erlitten   an schwerer Herzenspein.
　　Doch giebt's geringes Botenbrot,   bringt man ihr die Kunde,
　　Hetel sei gefallen. Ich miede gern bei Hilden diese Stunde."

39. Da suchte man die Toten   auf dem weiten Sand.
　　So viel man auf dem Werder   von Christenleibern fand,
　　Die hieß der Held von Stürmen   zu einander tragen.
　　Die Wahl der Ruhestätte   beriet man mit den Mannen und
　　　　　　　　　　　　　　　　　　　den Magen.

40. Da riet der Degen Ortwin: „Begraben wir sie hier!
　　Dann laßt uns treulich sorgen   für ihres Namens Zier!
　　Die hier gefallen, preise   noch lang nach ihrem Ende
　　Ein reich und stattlich Kloster,   zu dem ein jedes Haus die
　　　　　　　　　　　　　　　　　　　Steuer sende."

41. Da sie nun Muße hatten   nach all der großen Not,
　　So begruben sie den König,   der gar so edlen Tod
　　Aus Liebe zu den Seinen   gefunden auf dem Strande.
　　So thät man auch den andern: man fragte nicht nach Namen,
　　　　　　　　　　　　　　　　　　　Volk und Stande.

IV. Wie Hartmut mit Gudrunen heimgelangte.

1. Es trugen ihre Kiele   zu König Ludwigs Land
　　Die Scharen der Normannen.   Mit Jubel ward's erkannt.
　　Sie freuten sich des Grußes   von ihren Frau'n und Kindern.
　　Vorbei war nun ihr Bangen,   es werde jäher Tod die Rückkehr
　　　　　　　　　　　　　　　　　　　hindern.

IV. Wie Hartmut mit Gudrunen heimgelangte.

2. Als Ludwig frohen Mutes   seine Burgen sah,
Zu der schönen Gudrun   sprach der König da:
„Seht Ihr die Burgen, Fürstin?   Ihr dürft auf Freude zählen.
Wollt Ihr uns Gnad' erweisen,   so soll es Euch an reichem
    Land nicht fehlen."

3. Da sprach voll tiefer Trauer   das edle Mägdelein:
„Wem könnt' ich Gnad' erweisen?   Der Gnade lichter Schein
Ist weit von mir gewichen   und kehrt wohl nimmer wieder.
Das klag' ich alle Tage.   Schweres Leid belastet meine Lider."

4. Ludwig sprach aufs neue: „Laß allen Harm, o Kind!
Schenk' Hartmut deine Minne,   der ist gar hochgesinnt.
Alles, was wir haben,   wir wollen's gern dir geben.
Du magst wohl mit dem Helden   in stolzen Ehren und in
    Wonne leben."

5. Da sprach Frau Hildens Tochter: „Laßt ab! mir schafft's
    nur Not.
Eh' ich Hartmut nähme,   viel lieber wär' ich tot.
Giebt ihm Vaters Sippe   ein Recht auf meine Minne?
Mein Leben will ich lassen,   eh' ich ihn zum Freunde mir ge=
    winne."

6. Inzwischen war die Flotte   gelandet in der Bucht.
Geschafft ward aus den Schiffen   der Beute reiche Frucht.
Wie fröhlich setzten alle   den Fuß auf das Gestade!
Nur Gudrun mit den Frauen   schritt tiefbekümmert auf dem
    Uferpfade.

7. Herbei kam Hartmuts Schwester   in zweier Fürsten Geleit:
Gudrun zu empfangen   war sie froh bereit.
Die fremde Jungfrau küßte   mit Thränen, brennendheißen,
Des Wirtes holde Tochter.   Da nahm sie Ortrun bei der Hand,
    der weißen.

8. Als die edle Jungfrau   nun in der Hochburg saß,
Pflag Hartmut ihres Dienstes,   der keine Pflicht vergaß.
Auch gebot er allen   (bald trüge sie die Krone)
Ihr eifernd zu gefallen: sie lohne jedem wohl mit reichstem Lohne.

IV. Wie Hartmut mit Gudrunen heimgelangte.

9. Da sprach Gerlind die alte (das Zaudern schuf ihr Qual):
„Wann wird die schöne Gudrun als trautes Ehgemahl
Den Königssohn, den reichen, in ihre Arme schließen?
Er darf sich ihr vergleichen: es wird sie nicht gereuen noch
 verdrießen."

10. Als Gudrun dies vernommen, da sprach die fremde Maid:
„Euch selber, Frau Gerlinde, schüf' es wahrlich Leid,
Wollte man Euch zwingen als Gattin des zu pflegen,
Der Eurer nächsten Sippe so viel' im Kampf erschlug um
 Euretwegen."

11. „Das kann nun keiner wenden," sprach Königin Gerlind;
„Mit Güte wird man's enden. Schenk' ihm dein Herz, o Kind!
Ich schwör's bei meinem Haupte, daß ich dir's ewig lohne.
Sei und heiße Königin: so zier' ich dich mit meiner eignen
 Krone."

12. Da sprach die Ungemute: „Nimmer trag' ich die!
Mit seinem reichen Gute gewinnest du mich nie:
Ich werde nun und nimmer den Recken treulich minnen.
Dein Land ist mir zuwider; zu jeder Stunde sehn' ich mich
 von hinnen."

13. Da sprach zu ihrem Sohne das böse Weib Gerlind:
„Die klugen Alten erziehen mit Fug ein thöricht Kind.
Ist's Euch genehm, Herr Hartmut, daß ich sie erziehe,
So will ich's schon noch fügen, daß sie Stolz und Hoffart
 künftig fliehe."

14. „Was mir auch beschieden," sprach der Held voll Tucht,
„Ich bin es wohl zufrieden: gönnt ihr Eure Zucht.
Doch wahrt dabei der Jungfrau und Eurer eignen Ehren.
Das Kind ist fremd zu Lande; drum mögt Ihr, Fürstin, güt=
 lich sie belehren."

15. Hartmut ging von dannen. Der Held war noch nicht weit,
Da sprach Gerlind: „Wer Freude verschmäht, der erntet Leid.
Schau um dich allenthalben, wer deine Trübsal wende!
Mein Zimmer mußt du heizen, mußt selber schüren meines
 Ofens Brände."

IV. Wie Hartmut mit Gudrunen heimgelangte.

16. Da sprach die edle Jungfrau: „Ich tauge wohl dazu,
Daß nach Eurer Weisung ich alles schaff' und thu',
Bis mir Gott vom Himmel meine Trübsal wende.
Meiner Mutter Tochter schürte freilich selten noch die Brände."

17. Da eilte flugs zum Männersaal voll Zornes Frau Gerlind.
Sie sprach zu ihrem Sohne: „Hetels böses Kind
Wagt dich und deine Sippe in Hoffart zu verschmähen.
Wer trägt das? Lieber wollt' ich, daß meine Augen sie nicht
länger sähen."

18. Hartmut sprach zur Mutter: „Wie sie sich auch gebart,
Dennoch bitt' ich, Fürstin, mit dem Kind verfahrt
In also linder Weise, daß mich der Dank nicht reue.
Ich that ihr so viel Leides: kein Wunder, daß sie meine Dienste
scheue."

19. Da sprach Gerlind: „Was jemand der Magd auch Liebes thut,
Sie achtet's nun und nimmer: gar trotzig ist ihr Mut.
Bricht man ihn nicht mit Strenge, so giebt sie sich zum Weibe
In rechter Zucht dir nimmermehr. Thun wir, was ihr Sträuben
hintertreibe!"

20. Da sprach der edle Degen: „Jetzt, o Fürstin, zeigt,
Ob Ihr mir noch in Hulden und Treuen seid geneigt!
Zieht das Mägdlein also, daß unter Leid und Plage
Die junge Königstochter ihre Freundschaft mir nicht ganz ver=
sage."

21. Voll Zornes ging Gerlinde, die böse Teufelin,
Zu dem Ingesinde der armen Gudrun hin.
Sie sprach: „Ihr trägen Mägde sollt euch flinker regen!
Was ich euch gebiete, lass' mir keine trotzig unterwegen!"

22. Auch wurden nun geschieden die holden Mägdelein.
Schwer sollten sie empfinden der langen Trennung Pein.
Sie wären Herzoginnen in voller Zucht gewesen:
Nun hieß es Garn spinnen; sie saßen da, zu Schmach und
Harm erlesen.

23. So pflagen der geringsten und schwersten Werke traun
 Drei Jahr' und noch darüber die fremden armen Frau'n,
 Bis heim aus dreien Kriegen Herr Hartmut nun gekommen.
 Die Dienste der Verwaisten hatten hier kein Ende noch ge-
 nommen.

24. Wie sehnte sich der Königssohn das traute Weib zu sehn!
 Doch bei ihrem Anblick mußt' er sich gestehn:
 Gegönnt war ihr nur selten Ruh und gute Speise;
 Man ließ sie schwer entgelten ihrer treuen, tugendsamen Weise.

25. Als sie ihm trat vor Augen, da sprach der junge Held:
 "Wie war es, holde Gudrun, mit deinem Los bestellt,
 Seit ich mit meinem Degen geschieden von meinem Lande?"
 "Ich mußte dienen," sprach sie, "Euch zu Sünden, mir zu
 Schmach und Schande."

26. Hartmut sprach hinwieder: "Was habt Ihr da gethan,
 Gerlinde, liebe Mutter? So war's ein leerer Wahn,
 Als ich sie Eurer Gnade zur Wahrung übergeben?
 Gelindert sollte werden ihr heimatloses, schwerbedrücktes Leben."

27. "Gern will ich von Tag zu Tage," sprach die Wölfin da,
 "Sie immer besser halten." Der edle Recke sah
 Es nicht voraus, daß jene dem armen Kind noch böser
 Als je begegnen würde. Und nirgend war ein Retter und
 Erlöser!

28. Als sie mit dem Mägdlein sich allein befand,
 Da sprach sie zu der Fürstin aus Hegelingenland:
 "Willst du, schöne Jungfrau, nicht besser dich bedenken,
 So fegest du mit deinem Haar fortan den Staub von Tischen,
 Stühlen, Bänken.

29. Und meine Kemenate (das sei dir angesagt)
 Die sollst du dreimal täglich (sieh zu, wie das behagt)
 Säuberlich mir kehren und drin das Feuer schüren."
 Sie sprach: "Das thu' ich alles, eh' ich untreu würde meinen
 Schwüren."

IV. Wie Hartmut mit Gudrunen heimgelangte.

30. Sie erfüllte willig, was man sie leisten hieß.
Es war kein Werk so schimpflich, daß sie es unterließ.
Sieben volle Jahre ertrug in fremden Reichen
Sie alle Schmach und Mühen. Wo bot man Königskindern
je dergleichen?

31. Als schon zum neunten Jahre es sich zu nah'n begann,
Erwog der König Hartmut, gereift zum vollen Mann,
Ihm und seiner Sippe gereich' es traun zur Schande,
Daß er Herr schon heiße und nicht die Krone trüg' in seinem
Lande.

32. Da rieten ihm die Freunde, ob's lieb nun oder leid
Seiner Mutter wäre, die wunderholde Maid,
Es gehe, wie es gehe, zu seinem Wunsch zu zwingen.
Das Leben an ihrer Seite würd' ihm manche frohe Stunde
bringen.

33. Nach seiner Magen Rate ging er allzuhand
Zu Gudruns Kemenate. Er nahm sie bei der Hand:
„Nun schenkt mir Eure Minne und nehmt dafür zum Lohne
Meiner Helden Dienste und tragt mit mir die stolze Königs=
krone!"

34. Da sprach die holde Jungfrau: „Darnach steht nicht mein
Mut,
Dieweil Gerlind die böse mir so viel Leides thut.
Wie sollte mich gelüsten nach eines Recken Minne?
Ihr selbst und ihrer Sippe bin ich ewig feind mit Herz und
Sinne."

35. „Das schafft mir Leid," sprach Hartmut; „doch weiß ich dessen
Rat,
Was Gerlind, meine Mutter, Euch je zuleide that:
Ich will es reichlich sühnen zu unser beider Ehren."
Die edle Jungfrau sagte: „Wie könnt' ich meinem Groll und
Zweifel wehren?"

8*

36. Da sprach der junge König   von Normannenland:
„Ich sollte denken, Gudrun,   es wär' Euch wohlbekannt,
Daß alles dies mein eigen,   die Burgen, Land und Leute.
Wer könnte drum mich hängen,   macht' ich Euch zu meines
                                Wunsches Beute?"

37. Da versetzte Hetels Tochter: „Das hieß' ich Frevelthat!
Nie hatt' ich dessen Sorge,   fürwahr nicht früh, nicht spat.
Was sprächen andre Fürsten   zu solcher bösen Märe,
Daß in Hartmuts Lande   zur Buhle Hagens Blut erniedrigt
                                wäre?"

38. „Was kümmert mich ihr Reden?"   fiel Hartmut ihr ins Wort;
„Wenn's Euch allein beliebte,   o Herrin, alsofort
Würde Gudrun Königin   und Hartmut König werden."
Sie sprach: „Seid ohne Sorge,   daß je Euch Gudruns Minne
                                sucht auf Erden.

39. Ich sollte denken, Hartmut,   es wär' Euch wohlbekannt,
Wie wir mitsammen stehen: Eure dreiste Hand
Hat drüben mich gefangen   und führte mich von dannen,
Und Eure Recken schufen   uns bösen Harm an meines Vaters
                                Mannen.

40. Auch habt Ihr dessen Kunde,   (dies Leid ist groß genug)
Daß Ludwig, Euer Vater,   den meinen mir erschlug.
Er dürfte sonder Waffen   mir wahrlich selten nahen,
Wenn ich ein Ritter wäre.   Wie könnt' ich Euch mit Armen
                                traut umfahen?"

41. Gar zornig sprach der Recke: „Mir gilt es fürder gleich,
Was man Euch künftig thue   in meinem weiten Reich,
Dieweil Ihr stolz verschmähet   mein Land und meine Krone.
Ihr erntet, was Ihr säet.   Man reicht wohl täglich Euch die
                                Frucht zum Lohne."

42. „Den will ich gern empfangen,   wie ich bisher gethan:
Was Hartmuts Recken an Diensten   mich ihnen leisten sahn,
Dazu Gerlindens Frauen,   (Gott hatte mein vergessen!)
Das trug ich ohne Murren.   Gar reicher Kummer war mir
                                zugemessen."

V. Wie Gudrun waschen mußte.

1. Da ersann man andre Probe: Hartmut ließ alsbald
   Zu Hof Ortrunen rufen, das Mägdlein wohlgestalt:
   „Nun helft mit Euren Züchten, daß Hetels Magd, die hehre,
   Ihr großes Leid vergesse, auf daß ich Hab' und Gut Euch allzeit mehre."

2. Ortrun sprach hinwieder, das edle Königskind:
   „Ich will ihr stündlich dienen, ich selbst und mein Gesind,
   Daß sie des Leids vergesse. Wir wollen vor ihr neigen
   Das Haupt zu stillem Gruße, als nenne sie uns allzumal ihr eigen."

3. Sie thät ihr's freundlich danken, die landesfremde Maid:
   „Daß Ihr so gern mich sähet an König Hartmuts Seit'
   Unter Krone gehen, geschmückt mit reichen Ehren,
   Das lohn' ich Euch durch Treue; doch meinem Heimweh kann ich nimmer wehren."

4. Ortrun bat die Arme vom Schemel aufzustehn
   Und getrost von hinnen in den Saal mit ihr zu gehn.
   Dort möge sie behaglich an gutem Wein sich laben.
   „Und geh' ich auch, Ihr werdet zu Eurer Königin mich nimmer haben."

5. „Ihr wisset wohl, Herr Hartmut," sprach sie dort im Saal,
   „Man hat mich einem König zu rechtem Ehgemahl
   Mit festem Eid versprochen. Drum laßt von Eurem Werben!
   Mich minnt kein andrer Recke, es müßte denn mein Anverlobter sterben."

6. Da sprach der König Hartmut: „Ihr sorgt Euch ohne Not.
   Uns beide scheidet niemand; das kann allein der Tod.
   Ihr sollt in rechten Züchten bei meiner Schwester weilen.
   Der darf ich wohl vertrauen: sie wird mit Eifer Euren Kummer heilen."

V. Wie Gudrun waschen mußte.

7. Hartmut mochte wähnen, daß ihr getreuer Mut
Sich doch erweichen lasse in Ortruns milder Hut.
Die that ihr alles Beste mit dienstbereitem Sinne.
Es hofften alle beide, daß man die edle Jungfrau noch gewinne.

8. Sie blieb bei harter Rede; das traf den König schwer.
„Herrin Gudrun," sprach er, „ich bin so gut wie er;
Noch meß' ich mich mit Herwig: warum ob allen Ehren
Des Fürsten Liebe schätzen? warum mein Herz so oft durch
Hohn versehren?"

9. Zu neuer Glut entbrannte Gerlindens Rache nun;
Sie ließ fortan die Jungfrau nur wunderselten ruhn.
Die man bei Fürstentöchtern mit allem Fug und Rechte
Allzeit finden mußte, sie hauste bei geringem Frongeschlechte.

10. Es sprach die alte Wölfin mit haßerfülltem Mut:
„Ich will, daß alle Dienste mir Hildens Tochter thut.
Da sie in ihrer Bosheit mit ihrer Treu sich blähte,
So soll sie Arbeit leisten, die sie aus freier Wahl mir nimmer
thäte."

11. Da sprach die edle Jungfrau: „Was irgend ich vermag
Mit Geschick und Eifer, das soll bei Nacht und Tag
Mit Fleiß von mir geschehen; ich raste keine Stunde,
Dieweil des Unglücks Strenge mich riß aus meiner Freunde
trautem Bunde."

12. Da sprach Gerlind die böse: „Nun sollst du mein Gewand
Alle Morgen tragen vom Burghof an den Strand,
Und sollst es drunten waschen für mich und mein Gesinde,
Und sollst dich sorglich hüten, daß man zu keiner Frist dich
müßig finde."

13. Da sprach die edle Jungfrau: „Fürstin hoch und hehr,
So sorgt für Unterweisung. Das Lernen fällt nicht schwer
Bei rechtem Sinn und Willen. Dann wasch' ich Euch die Kleider.
Mich fliehen Lust und Wonne; so wollt' ich denn, Ihr thätet
mir noch leider."

V. Wie Gudrun waschen mußte.

14. Da beschied man eine Wäscherin: die trug nun das Gewand,
Die Lehre zu beginnen, mit Gudrun auf den Sand.
Gar nah ging solches Schicksal allen ihren Frauen:
Ihre hohe Herrin zu solchem Mägdewerk verdammt zu schauen.

15. Da rief in treuem Herzen Hildeburg, die Maid:
„Wohl ringen all' in Schmerzen, (Gott schau' auf solches Leid!)
Die man dereinst mit Gudrun geschleppt zu diesem Lande.
Sie lechzen still nach Ruhe; nun steht sie selbst gar waschend
auf dem Sande!"

16. „Ihr sollt bei Gott dem Herren," so sprach sie zu Gerlind,
„Sie ganz allein nicht lassen: sie ist ein Königskind!
Mein Vater auch war König; doch soll mich's nicht gereuen:
Laßt mich mit ihr waschen! Wir werden, was da komme,
nimmer scheuen."

17. Da sprach Gerlind die böse: „Dir schafft es oft noch Weh!
Wie hart auch sei der Winter, selbst auf Eis und Schnee
Mußt du die Kleider waschen, trotz bitterbösen Winden.
Dann ließest du dich lieber bei des Gadens warmem Ofen
finden."

18. Kaum konnte sie erwarten des Abends Dämmerschein.
Da ging die edle Hildeburg zu Gudruns Kämmerlein.
Ob ihres Dienstes Schwere von Herzen klagten beide.
Das schuf der hohen Dulderin linden Trost in ihrem bittern
Leide.

19. Da begann Frau Hildeburg mit neuem Weh und Ach:
„Fürwahr, mich kränkt so innig dein großes Ungemach.
Da bat ich nun die Wölfin, daß du nicht so alleine
Am Grande waschen müßtest. Nun tragen wir die Mühsal
im Vereine."

20. Da sprach die Heimatlose: „Dir lohne Jesus Christ,
Daß du ob meinem Leide so herzlich traurig bist.
Und willst du mit mir waschen, so kürzt uns das die Weile
Und schenkt uns manche Freude, die unserm trüben Mut
gereicht zum Heile."

VI. Wie Gudrun die Ankunft der Hegelingen erfuhr.

Königin Hilde hatte den Gedanken, ihre Tochter aus dem Normannenlande zu befreien, keinen Augenblick aufgegeben. Sobald nun eine neue waffenfähige Jugend herangewachsen war, rüstete sie eine Flotte aus und ließ Ortwin und Herwig nebst den besten Mannen zur Fahrt entbieten. Nach manchen Abenteuern landen die Hegelingen heimlich am Normannenstrande. Ortwin und Herwig übernehmen es, die Lage und den Aufenthalt der geraubten Jungfrauen auszukundschaften.

VI. Wie Gudrun die Ankunft der Hegelingen erfuhr.

1. Nun schweigen wir von diesen! Ich thu' euch fürder kund,
Wie traurig zum Erbarmen es um die Mägdlein stund,
Die einst zu Lust geboren in ihrem Vaterlande.
Hildeburg und Gudrun wuschen Tag für Tag auf fremdem
Strande.

2. Es war zur Mittagsstunde an einem Fastentag.
Ein Vogel kam geschwommen. Die edle Gudrun sprach:
„O weh, schöner Vogel, wie seh' ich mit Erbarmen
So ruhelos dich schwimmen! Wie bitter kränkt die kalte Flut
dich armen!"

3. Da sprach mit Menschenstimme der Vogel: „Hege Mut!
Dein harret große Freude, wie bös man dir auch thut.
Willst du mich befragen nach deiner Magen Lande:
Dir Trost zu bringen schickte Gott selbst als Boten mich zu
diesem Strande."

4. Da sprach die Gottesarme: „Hat Christus dich gesandt
Uns heimatlosen Frauen zum Trost im fremden Land,
Wohlan, herzlieber Bote, so magst du Antwort geben:
Die einst der armen Gudrun Mutter hieß, ist Hilde noch am
Leben?"

5. Da sprach der hehre Bote: „Ich thu' es gern dir kund:
Hilde, deine Mutter, sah ich ganz gesund.
Für dich entbot in dieses Land sie jüngst die besten Scharen,
Die je zu Freundeshilfe auf Sippen- und Wittibsruf noch
ausgefahren."

VI. Wie Gudrun die Ankunft der Hegelingen erfuhr.

6. Da sprach die edle Jungfrau: „Bote hoch und hehr,
O laß dich's nicht verdrießen: gern fragt' ich dich noch mehr.
Lebt Ortlands junger König, lebt Ortwin noch zur Stunde?
Und Herwig, mein Verlobter? Des hätt' ich gern von dir
genaue Kunde."

7. Da sprach der hehre Engel: „Auch dieses sei dir kund:
Ortewin und Herwig sind beide noch gesund.
Ich sah auf Meereswogen Bräutigam und Bruder;
Die reckenhaften Degen schwangen in gleichem Takt ein mächtig
Ruder."

8. Sie sprach: „Auch wüßt' ich gerne, so du's vernommen hast:
Kommt Horand auch, der Däne, der hochgemute Gast,
Mit allen seinen Helden, die mich in Kummer ließen?
Ich weiß, er ist so tapfer: seiner Kühnheit möcht' ich gern
genießen."

9. „Auch Horand kommt, dein Vetter, der Held von Dänemark,
Zu hartem Rachekampfe. Sein Aufgebot ist stark.
Er soll in Händen tragen Hildens Heereszeichen,
Wenn die Hegelingen zum Gegengruß sich melden in Hart=
muts Reichen."

10. Gudrun sprach hinwieder: „Ist dir noch das bekannt:
Lebt Wate noch von Stürmen? Mein Leid wär' halb gewandt.
Auch freuten wir uns alle, wenn gar noch das geschähe,
Daß man den alten Frute bei meiner Mutter Heereszeichen
sähe."

11. Hinwieder sprach der Vogel: „Bald kommt in dieses Land
Auch Wate dir von Stürmen. Der führt in seiner Hand
Ein starkes Steuerruder in einem Schiff mit Fruten.
Wer könnte beff'rer Freunde in hartem Kampf und Streit
sich je vermuten?"

12. Von ihnen mußte scheiden der hehre Bote nun.
Nicht weit're Fragen durften die Heimatlosen thun,
So daß in Lust und Sorgen ihre Herzen pochten,
Wo die werten Mannen, die nun zur Hilfe nahten, weilen
mochten.

VI. Wie Gudrun die Ankunft der Hegelingen erfuhr.

13. Der Tag thät nun enden; da mußten sich vom Bord
Die zwei nach Haus wenden. Hei, wie empfing sie dort
Mit grimmer Strafrede das böse Weib Gerlinde!
Sie unterließ es selten zu schelten mit dem hohen Ingesinde.

14. Sie zankte mit den Frauen: "Wer giebt euch diesen Rat,
So lässig mir zu waschen an Linnen und an Wat?
Auch meine weiße Seide bleicht ihr allzu träge.
Traun zu schwerem Leide gereicht's noch mancher, die des
            Werks nicht pflege."

15. Da sprach die edle Hildeburg: "Wir thun nach unsrer Macht.
Seid, Herrin, Eurer Pflichten auch gegen uns bedacht!
Uns armes Ingesinde friert oft bis in die Seele.
Wehten warme Winde, so wüschen wir mit Eifer nach Befehle."

16. Da schalt Gerlind hinwieder mit zornig bösem Wort:
"Was kümmert euch das Wetter? Das Säumen laßt hinfort!
Euch ziemt es, spat und frühe zu waschen Wat und Linnen.
Sobald es morgen dämmert, so macht euch aus der Kammer
            flugs von hinnen.

17. Schon winken hohe Feste. Auch ihr vernahmt es ja:
Bald kommen stolze Gäste; Palmsonntag ist schon nah.
Besorgt ihr meinen Helden nicht schneeig weiße Kleider,
So erging's in Königshallen nie Wäscherinnen schlimmer sonst
            und leider."

18. Die Mädchen gingen von hinnen. Gar naß war ihr Gewand.
Was zu Tausch und Wechsel man ihnen zugestand,
War nur ein grobes Hemdenpaar; das nenn' ich reich bedenken.
Es ließ Gerlind die böse sie ohne Kissen ruhn auf harten
            Bänken.

19. Wie unsanft wohl und frostig die arme Gudrun lag!
Auch schliefen beide wenig: sie konnten kaum den Tag,
Den nächsten Tag erwarten. Sie sannen, sollt' ich meinen:
Wann läßt die guten Ritter der Vogel hier im Land uns wohl
            erscheinen?

VII. Wie Ortwin und Herwig ankamen.

1. Als kaum der Morgen graute,   da eilte Hildeburg,
Die keine Ruh genossen   die ganze Nacht hindurch,
An ein kleines Fenster.   Sie lugte durch die Scharte:
Da war ein Schnee gefallen.   Das schuf wohl beiden Not, als
sie's gewahrte.

2. Die Heimatlose klagte: „Wir sollen waschen gehn?
So grimm ist, wie ich sagte,   das Wetter anzusehn:
Wir werden alle beide   noch vor des Abends Stunden,
Wenn wir heut barfuß waschen,   am Ufer starr und leblos auf=
gefunden."

3. Da sprach Frau Hildens Tochter: „Gespielin, bitte du
Gerlinden um Erlaubnis,   daß wir ein Paar Schuh'
Am Meer heut tragen dürfen.   Sie muß sich selbst gestehen,
Daß wir zu Tode frieren,   wenn heute gar wir barfuß waschen
gehen."

4. Sie gingen vor die Kammer,   wo Gerlinde schlief.
Sie hörte, halb erwachend,   ihr Klagelied und rief:
„Was eilt ihr bösen Mägde   nicht zu des Ufers Grande
Und spület nicht, daß lauter   das Wasser niederfließe vom Ge=
wande?"

5. „Ich weiß nicht," rief die Jungfrau,   „wohin ich gehen soll.
Ein Schnee ist nächten gefallen;   von ihm liegt alles voll.
Wenn Ihr's nicht wehrt, so müssen   wir mit dem Tode büßen:
Wir sterben heute beide,   tragen wir nicht Schuh' an unsern
Füßen."

6. Die Wölfin rief: „Ich denke,   so schnell wird's nicht geschehn.
Hinweg denn, mag's euch übel   oder sanft ergehn!
Nun wascht mir ohne Zieren,   sonst geht's euch an die Leiber!
Was gilt mir euer Erfrieren?"   Da weinten laut die gottes=
armen Weiber.

7. Drauf nahmen sie die Kleider   und gingen beide fort.
„Einst mahn' ich Euch," sprach Gudrun,   „will's Gott, an dieses
Wort."
Sie mußten mit nackten Füßen   durch den Schnee waten.
Wo waren Fürstenkinder   je in solche Not und Schmach geraten?

8. Nun standen sie von neuem   auf dem wilden Sand
Und wuschen nach Gewohnheit   das Linnen und Gewand
Und schauten über die Wogen   mit sehnsuchtsvollem Blicke,
Wo die Boten blieben,   die aus der Heimat ihnen Hilde schicke.

9. Sie hatten lang schon ausgeschaut: da sahn der Männer zween
Sie auf dem Meer in einem Boot;   sonst war kein Mensch zu sehn.
Hildeburg rief freudig   zum Königskind, dem bleichen:
„Sieh dort zween Männer fahren!   Die mögen deinen Boten
wahrlich gleichen!"

10. Da sprach die Gottesarme: „O weh, was soll ich thun?
O traute Freundin Hildeburg,   so rate du mir nun!
Soll ich von hinnen weichen?   Lass' ich hier mich finden
In also großer Schande?   Wie könnt' ich je den Schimpf über=
winden?"

11. Da wandten sich die Mägdlein   und flohen von dem Sand,
Doch waren beide Männer   zu nahe schon dem Strand.
Sie entdeckten am Gestade   die schönen Wäscherinnen
Und merkten wohl, die Frauen   ließen dort im Stich Gewand
und Linnen.

12. Sie sprangen aus der Barke   und riefen ihnen nach:
„Ihr schönen Wäscherinnen,   ei bleibt! wohin so jach?
Wir sind ja fremde Leute,   das ist gar leicht zu sehen!
Entweicht ihr uns, so könnte   euer Linnenschatz verloren gehen!"

13. Als ob sie nichts vernommen,   so eilten sie landein;
Doch mußte zu ihren Ohren   der Ruf gedrungen sein.
Fein laut war erschollen   König Herwigs Mahnung.
Daß er seiner Trauten   schon so nah, des hatt' er selbst nicht
Ahnung.

VII. Wie Ortwin und Herwig ankamen.

14. Da rief der Vogt von Seeland: „Ihr minniglichen Frau'n,
    Wem diese Kleider eigen, sollt ihr uns anvertrau'n!
    Bei aller Jungfrau'n Ehre, wir bitten euch in Treuen!
    Ihr minniglichen Kinder, kehrt heim zum Strand: ihr braucht
    euch nicht zu scheuen!"

15. In ihren nassen Kleidern kehrten sie zurück.
    Die edlen Frauen waren reicher einst an Glück:
    Wie bebte jetzt vor Kälte das arme Hausgesinde:
    Gar wohlfeil war die Hülle und bitterscharf der Hauch der
    Märzenwinde.

16. Da bot der edle Herwig dem heimatlosen Paar
    Freundlich guten Morgen. Wie fremd der Gruß ihm war
    Bei so entmenschter Herrin! Ein Guten Morgen und Abend
    Stand hoch bei ihr im Preise. Drum klang dies Wort den
    Holden jetzt so labend.

17. „Sträubt euch nicht, ihr Kinder, und nehmet unser Gold!
    Guter Spangen viere seien euer Sold.
    Die geben wir euch gerne, beliebt's euch uns zu sagen,
    Ihr schönen Jungfrauen, wonach wir Fremden euch so gerne
    fragen."

18. „Gott lasse diese Spangen euch beiden gedeihlich sein!
    Wir nehmen nichts zum Lohne," sprach das Mägdelein;
    „So fragt uns denn nach Wunsche! Wir müssen baldigst scheiden.
    Ich würd' es schwer bereuen, sähe man uns sprechen mit euch
    beiden."

19. „Wem ist zu Erb' und Eigen dies Volk und reiche Land,
    Dazu die guten Burgen? Wie ist der Mann genannt,
    Der kein Gewand euch gönne und solchen Dienst begehre?
    Zur Schmach sei's ihm gerechnet, wenn er je verlangt nach
    Ruhm und Ehre!"

20. „Hartmut ist der eine der beiden Fürsten genannt.
    Dem dienen feste Burgen und all dies weite Land.
    Der andre nennt sich Ludwig; Herr gar vieler Helden
    Ist er in der Normandie. Von beider Macht ist manche Mär
    zu melden."

21. „Wir sprächen sie gar gerne," fiel nun Ortwin ein;
„Könnt ihr uns bescheiden, vielschöne Mägdelein,
Wo man die Fürsten beide in ihren Landen finde?
Wir sind an sie gesendet; denn wir sind eines Königs Hof=
gesinde."

22. Zur Antwort gab den Recken die hohe Gudrun dies:
„Als ich am frühen Morgen heut die Burg verließ,
Da lagen sie noch zu Bette, dazu viertausend Helden;
Ob jene nun derweilen ausgeritten, kann ich euch nicht melden."

23. Als Herwig beide Mädchen vor Kälte zittern sah,
Sprach in rechter Güte der edle König da:
„Bedünkt's euch holde Kinder nicht etwa Schimpf und Schande,
So hüllt in unsre Mäntel eure Glieder auf dem wilden Strande!"

24. Da sprach Frau Hildens Tochter: „Gott segne gnadenvoll
Eure gute Gabe! An meinem Leibe soll
Kein Menschenauge jemals Manneskleider sehen."
Für beide gab's wohl Schlimmres als ein Erkennen, wär'
es jetzt geschehen.

25. Herwig sah von neuem die fremde Jungfrau an.
Sie dünkte gar so wohlgestalt, so hold dem stolzen Mann,
Daß mancher schwere Seufzer im Herzen ihm erwachte.
Verglich er sie doch einer, an die er ach! so oft in Liebe dachte.

26. Ortlands junger König, Ortwin, fiel nun ein:
„Ist euch bekannt geworden, sagt an, ihr Mägdelein,
Daß kriegsgefang'ne Frauen einst ins Land gekommen?
Gudrun hieß die eine. Habt ihr je von ihr ein Wort vernom=
men?"

27. Da sprach die edle Jungfrau: „Das ist mir wohlbekannt.
Vor langen, langen Jahren kamen sie ins Land.
Auf starker Heerfahrt hatte man ihre Schar gefangen.
Den heimatlosen Frauen ist es hier im Reich gar schlimm
ergangen."

VII. Wie Ortwin und Herwig ankamen.

28. Da sprach der König Herwig, zu Ortlands Vogt gewandt:
„Ist Eure Schwester Gudrun in irgend einem Land
Auf der weiten Erde, Herr Ortwin, noch am Leben,
Seht her, so ist es diese: so ähnlich kann es keine zweite geben."

29. Da sprach der König Ortwin: „Sie ist von Angesicht
Gar hold, doch meiner Schwester gleicht sie wahrlich nicht.
Aus unsern Jugendtagen gedenk' ich noch der Zeiten,
Wo sie gepriesen wurde als schönste Jungfrau durch der Erde
  Weiten."

30. So hatte zugestanden der kühne junge Mann,
Daß er Ortwin heiße. Drum sah ihn schärfer an,
Die sich Gudrun nannte. Sie wollte gern erfahren,
Ob der ihr Bruder wäre. Der konnte sie vor weiterer Not
  bewahren.

31. „Wie Ihr auch heißen möget, Euch ziemet Lob fürwahr.
Einst kannt' ich einen Recken, dem gleicht Ihr auf ein Haar.
Herwig war sein Name, und Seeland war sein eigen.
Wenn der Held noch lebte, er brächte dieser Knechtschaft Not
  zum Schweigen.

32. Auch ich bin deren eine, die König Hartmuts Heer
Als Kriegsgefang'ne hergeführt übers weite Meer.
Ihr sucht die arme Gudrun. Das laßt nur unterwegen:
Die Hegelingen-Jungfrau ist ihrer Qual und Mühsal längst
  erlegen."

33. Aus Ortwins lichten Augen brach ein Thränenquell;
Zugleichen hub ein Weinen Herwig, sein Gesell.
Sie hatten hören müssen, die schöne Gudrun wäre
Im fremden Land gestorben. Wie schweren Harm schuf ihnen
  diese Märe!

34. Als sie die Helden beide vor sich weinen sah,
Erfüllt von Lust und Leide sprach die Fremde da:
„Ihr zeiget ein Gebaren und thut ob meiner Märe,
Als ob die edle Gudrun nahverwandt euch wackren Degen
  wäre."

35. Da sprach der König Herwig: „Weh' ihrem jungen Leib!
Bis an mein Lebensende klag' ich um mein Weib!
Sie war mir fest versprochen mit wandellosen Eiden.
Des alten Ludwigs Ränke sollten mich auf ewig von ihr
scheiden!"

36. „Ihr wollet mich nur täuschen," sprach die arme Magd;
„Von König Herwigs Tode ward mir so viel gesagt!
Der Erde reichste Wonne würd' ich traun gewinnen,
Wär' Herwig noch am Leben: er führte mich mit starkem Arm
von hinnen."

37. Da sprach der edle Ritter: „So schaut auf meine Hand!
Kennt Ihr das Gold? Mein Name, ist er Euch nun bekannt?
Verlobt ward ich mit Gudrun durch dieses Minnezeichen.
Und seid Ihr meine Herrin, so führt mein Arm Euch frei aus
Ludwigs Reichen."

38. Glückselig lächelnd versetzte das edle Mägdelein:
„Gar wohl erkannt' ich wieder den Ring, der früher mein.
Nun sollt Ihr den auch sehen, den mir mein Liebster schenkte,
Als in Vaters Lande mein hochbeglücktes Herz kein Harm
noch kränkte."

39. Er sah nach ihrem Finger. Als er den Ring erschaut,
Da sprach der edle Herwig zu Gudrun lieb und traut:
„Dich konnt' auch nur der edle Schoß einer Fürstin tragen.
Nun grüß' ich meine Wonne selig wieder nach den Leidens-
tagen."

40. Da schloß er in die Arme die wunderholde Maid.
Was sie soeben vernommen, schuf beiden Lust und Leid.
Er küßte das süße Königskind, (wie oft, wer könnt' es sagen?)
Auch Hildeburg, die arme, die treu mit Gudrun alle Not ge-
tragen.

41. Dann sprach der Held aufs neue: „Wir dürfen wohl gestehn,
Uns ist so viel des Glückes auf dieser Fahrt geschehn:
Wer konnte jemals hoffen, sie würd' uns so gelingen?
Nun heißt es aber eilen, daß wir sie aus der Haft von hinnen
bringen."

VII. Wie Ortwin und Herwig ankamen.

42. Da sprach der Degen Ortwin: „Das thu' ich nun und nie.
Und hätt' ich hundert Schwestern, sterben ließ' ich sie,
Eh' ich mich vergäße, dem Feind mich zu verhehlen
Und sie, die uns im Sturm geraubt, im fremden Land aus bleicher Furcht zu stehlen!"

43. Da sprach der Recke Herwig: „Wo blieb dein kluger Sinn?
Meine Traute führ' ich zu unsern Freunden hin.
So gut es geht, erretten wir dann die andern Frauen."
Da sprach der Degen Ortwin: „Eher ließ' ich mich in Stücke hauen."

44. Bekümmert sprach die Arme: „Was hab' ich dir gethan,
Lieber Bruder Ortwin? Fürwahr, es ist kein Wahn:
Nie gab dir mein Gebaren gerechten Grund zum Schelten.
Welcher bösen Dinge läßt man, edler Fürst, mich nun entgelten?"

45. „Ich thu' es, liebe Schwester, nicht aus Haß zu dir.
Die Rettung deiner Mägdlein glückt so uns besser hier.
Auch kann ich nur in Ehren dich von hinnen führen.
Getrost nur! deines Liebsten sollst du bald dich freuen nach Gebühren."

46. Die kühnen Recken eilten vom Gestade jach.
Die heimatlose Gudrun rief ihrem Liebsten nach:
„Einst war ich traun die erste, nun gelt' ich dir als letzte!
Wer bliebe mir noch übrig, auf den ich Waise nun mein Hoffen setzte?"

47. „Du bist mir nicht die letzte; die erste sollst du sein!
Meine Fahrt, o Fürstin, behalt für dich allein!
Eh' der Morgen dämmert, steh' ich vor den Thoren
(Vertraue meinem Worte!) mit achtzigtausend Helden auserkoren."

48. Sie fuhren schnell von hinnen und ließen beide Frau'n:
Das nenn' ich zwischen Lieben ein hartes Scheiden traun,
So hart, wie zwischen Freunden es nimmer noch geschehen.
Sie folgten mit den Augen dem Botenpaar, so lang' es noch zu sehen.

VII. Wie Ortwin und Herwig ankamen.

49. Zuerst besann sich Hildeburg, die Maid aus Frenland:
„Laßt Ihr noch immer, Königin, Linnen und Gewand
Ungewaschen liegen? Was sagen Ludwigs Degen?
Und merkt es Frau Gerlinde, so lohnt sie uns wie nie zuvor
mit Schlägen."

50. Hildens Kind versetzte: „Ich bin zu hoch und hehr;
Nun wäscht für Frau Gerlinden Gudrun nimmermehr.
So niedre Dienste werden mir nicht mehr abgerungen:
Zween Könige haben mich geküßt und mich voll Huld mit ihrem
Arm umschlungen."

51. Hildburg sprach hinwieder: „Verübelt mir den Rat,
Den ich Euch gebe, nimmer: bleichen wir die Wat,
Anstatt zur Kemenate sie mit dem Schmutz zu tragen!
Sonst wird man uns den Rücken zum Vollgenügen wund mit
Ruten schlagen."

52. Hagens Sproß versetzte: „Vorbei ist alle Müh'!
Nun naht mir Trost und Wonne! Und wenn bis morgen früh
Mit Gerten man mich schlüge, ich weiß, daß ich nicht stürbe,
Doch daß von diesen Schelmen zuvor gar mancher jammervoll
verdürbe.

53. Jetzt trag' ich diese Kleider hinunter an die Flut:
Sie sollen des genießen," sprach Frau Hildens Blut,
„Daß ich einer Königin wiederum soll gleichen.
Ich werfe sie ins Wasser: sie mögen frei durch alle Meere
streichen."

54. Wie Hildeburg auch mahnte, die Fürstin schleppte jach
Gerlindens Wat hinunter: ihr Zornmut wurde wach.
Sie schwang sie aus den Händen weit auf die dunklen Wogen.
Sie schwammen eine Weile; ich weiß nicht, sind sie je heraus=
gezogen.

55. Die Nacht begann zu nahen, das Tageslicht zerrann;
Hildburg ging zur Feste mit schwerer Last vondann:
Sie trug nebst manchem Kleide sieben Stücke Linnen.
Ortwins Schwester Gudrun ging ledig neben Hildeburg von
hinnen.

VII. Wie Ortwin und Herwig ankamen.

56. Schon war es spät und dunkel, als endlich sie aus Thor
 Der Ludwigsfeste kamen. Voll Zornes stund davor
 Gerlind, die böse Teufelin; das war ein schlimmes Warten.
 Die edlen Wäscherinnen begrüßte sie mit Rügen, grimmig harten.

57. „Wer hat euch das gestattet?" schrie des Königs Weib;
 „Gar schwer soll's entgelten euer beider Leib,
 Daß ihr so spät am Abend euch umtreibt auf dem Strande.
 Ihre Kemenate gönnt solchen keine Frau von Königsstande.

58. Sagt an, ihr frechen Dirnen, weswegen thut ihr das?
 Könige stolz und mächtig verschmähet ihr in Haß
 Und plaudert spät am Abend mit gemeinen Knechten?
 Steht euer Sinn auf Ehre, verhilft euch solches nicht zur echt= und rechten."

59. Da sprach die edle Jungfrau: „Das heiß' ich bösen Lug,
 Dieweil ich Gottesarme nie solche Meinung trug,
 Als sei ein Mann so hochgestellt, daß ich ihn sprechen wollte.
 Nur meine Sippe nehm' ich aus, mit der ich ungehindert reden sollte."

60. „Nun schweig, du Gallenzunge! Lügen strafst du mich?
 Dafür kommt meine Rache nächten über dich,
 Daß deines Ingrimms Rufe so laut wie nie erschallen.
 Bevor ich ruh' und raste, soll Streich für Streich auf deinen Rücken fallen."

61. „Das möcht' ich widerraten," sprach die stolze Magd,
 „Daß Ihr meinen Rücken je mit Ruten schlagt.
 Ihr samt Euren Magen könnt nie mit uns euch messen.
 So niedre Strafe bliebe vielleicht zu Eurem Kummer unvergessen."

62. Da sprach die böse Wölfin: „Wo ist mein Gewand,
 Dazu mein feines Linnen, daß nächten deine Hand
 In deines Kleides Falten so müßig ruht geborgen?
 Ich will bei Zeit dich lehren, mir anders meine Dienste zu besorgen."

63. Hagens Sproß versetzte: „Da drunten an dem Meer
    Ließ ich alles liegen: es war mir halt zu schwer,
    Als ich her zu Hofe es mit mir tragen wollte.
    Mein' Treu, es kränkt mich wenig, wenn's Euer Aug' nicht
        wiedersehen sollte."

64. „Das soll dir schlecht gedeihen," sprach das Teufelsweib;
    „Eh' ich zum Schlaf mich wende, geht's dir an den Leib."
    Sie hieß die Magd entkleiden, aus Dornen Ruten binden.
    Der niedern Zucht und Strafe wollte Frau Gerlind sich unter=
        winden.

65. Mit List rief das Königskind: „So sei Euch denn gesagt:
    Wenn Ihr mit diesen Ruten mich nächten wirklich schlagt,
    So wird's in spätern Tagen, sieht je mich unter Krone
    An Königs Seit' ein Auge, Euch sicher heimgezahlt mit reichem
        Lohne.

66. Drum wähn' ich, Ihr erlasset die Strafe mir wohl gern.
    Dann wähl' ich um so lieber zum Gemahl und Herrn,
    Den ich bisher verschmähte, und bleib' in diesen Reichen.
    Wird mir Gewalt darinnen, vollführ' ich einst noch Thaten
        ohnegleichen."

67. Gerlinde sprach, die Fürstin: „Mein Zürnen ließ' ich sein;
    Und büßt' ich tausend Breiten meiner Linnen ein,
    Ich wollte sie verschmerzen. Auch käm' es dir zustatten,
    Erkürst du Hartmut wirklich, den Fürsten von Normannen=
        land, zum Gatten."

68. „Ich habe mich besonnen," sprach die holde Maid;
    „Nicht länger kann ich tragen all dies Herzeleid.
    So lasset der Normannen jungen König kommen.
    Was er auch gebiete, ich will es freudig thun zu seinem From=
        men."

69. Die beider Rede vernommen, die eilten schleunig fort,
    Um Hartmut zu berichten das wundergute Wort.
    Man fand den Degen sitzen bei seines Vaters Mannen.
    Er ahnte nicht der Dinge, die flugs ihm allen Kummer sollten
        bannen.

VII. Wie Ortwin und Herwig ankamen.

70. Laut rief der erste Bote: „Gebt mir das Botenbrot,
Da Hildens schöne Tochter Euch ihren Gruß entbot:
Ihr möchtet baldigst kommen zu ihrer Kemenaten.
Sie will Euch nicht mehr meiden; sie hat zu guterletzt sich baß beraten."

71. Da sprach der edle Ritter: „Des Luges ist nicht not.
Doch ist sie wahr, die Märe, so lohnt dir Botenbrot:
Drei der besten Burgen samt Hufen reich an Segen,
Auch sechzig güldne Spangen. Wie hoher Wonnen wollt' ich fürder pflegen!"

72. Da sprach des Boten Geselle: „Fürwahr, ich hört' es auch.
Drum heisch' ich meinen Anteil; so ist es rechter Brauch.
Ihr sollt zur Fürstin kommen; sie schenk' Euch ihre Minne
Und woll' in diesem Lande die Krone tragen, sei's Euch noch zu Sinne."

73. Der kühne Hartmut sagte beiden Boten Dank.
Ahi, wie frisch und fröhlich er auf vom Sessel sprang!
Er wähnte wohl, es hätte Gott selber ihn beraten
Mit des Mägdleins Minne. Drum eilt' er froh zu ihrer Kemenaten.

74. Noch stund in nasser Hülle die Königstochter da;
Es weinten ihre Augen, als sie den Helden sah;
Doch kam sie still zum Gruße entgegen ihm gegangen.
So nahe stand ihm Gudrun: er wollte schon mit Armen sie umfangen.

75. „Mit nichten, Hartmut!" sprach sie; „wie dürfte das geschehn?
Euch tadeln alle Leute, die's hören oder sehn.
Ihr müßt der armen Wäscherin Euch ja wahrlich schämen.
Ihr seid ein stolzer König: wie ziemte sich's mich so in Arm zu nehmen?

76. Gern erlaub' ich, Hartmut, daß Euer Wunsch gescheh',
Sobald ich unter Krone vor guten Recken steh'.
Dann bin und heiß' ich Fürstin, dann schafft es kein Verdrießen,
Dann ziemt's uns allen beiden, dann mögt Ihr mich mit Armen traut umschließen."

VII. Wie Ortwin und Herwig ankamen.

77. In edler Zucht und Sitte   trat der Held zurück:
„O Jungfrau hold wie keine,   du bist mein stolzes Glück!
Deine Huld und Minne   will ich dir reich vergelten.
Mir selbst und meinen Freunden   befiehl nach Wunsch: du sollst
   uns nimmer schelten."

78. Da sprach die edle Jungfrau: „So sänftlich ward mir's nie.
Gebt Ihr der Gottesarmen   Befehl und Macht allhie,
So befehl' ich denn zum ersten: nach all dem Harm und Wehe
Sei mir ein Bad, ein schönes,   noch heut bereitet, eh' ich schlafen
   gehe!

79. Und mein Befehl zum zweiten,   vernehmt's, soll dieser sein:
Man bringe mir zur Stunde   all meine Mägdelein,
Wo sie auch weilen mögen   bei Gerlindens Frauen!
In ihrem Weibergaden   soll man ihrer keine fürder schauen."

80. „Das will ich gern betreiben,"   sprach der wackre Held.
Da ward das Wort im Gaden   manch edler Magd bestellt.
Mit wild verwirrten Haaren   und niedrig schlechten Hüllen
Kamen sie zu Hofe. Wo sah man so der Wirtin Pflicht er=
   füllen?

81. Ihrer zweiundsechzig   sah Hartmut jetzo nahn.
Da sprach in edlen Züchten   die Fürstin wohlgethan:
„Nun schauet, stolzer König!   bedünkt Euch solches Ehre?
Wie hat man sie mißhandelt!"   Er sprach: „Vertraut mir, daß
   ich's fürder wehre."

Hartmut giebt Befehl, daß den fremden Mägdlein schöne Ge=
wandung gereicht und ein Bad bereitet werde. Hierauf werden sie
in einem weiten Saal aufs beste bewirtet. Auf Gerlindens An=
ordnung legt Ortrun mit ihrem Gesinde Feierkleider an, um Gu=
drunen in aller Form zu begrüßen. Auch Gerlinde selber begegnet
dem fremden Königskinde nach Gebühr. Gudrun, die seit vier=
zehn Jahren keine Freude mehr erfahren hatte, lacht laut auf,
lauter als es höfische Zucht gestattete. Gerlinden bedünkt dies
Lachen verdächtig; sie warnt ihren Gatten und Sohn: vielleicht sei
Gudrunen von ihren Angehörigen heimlich Botschaft zugegangen.
Doch Hartmut glaubt an keine Gefahr. Nachdem sich die fremden

VIII. Wie Herwig und Ortwin wieder zum Heere kamen.

Frauen in den Schlafsaal zurückgezogen, teilt ihnen Gudrun die Ankunft der Ihrigen und die nahende Befreiung mit. — Inzwischen waren Herwig und Ortwin zu ihrem Heere zurückgekehrt und meldeten die schier unglaubliche Mißhandlung der geraubten Mädchen.

VIII. Wie Herwig und Ortwin wieder zum Heere kamen.

1. Da sah man alle Freunde   weinen ob dem Wort.
Doch Wate rief, der alte,   voll Unmut alsofort:
„Wie mögt ihr euch gebaren   gleich Kindern oder Weibern?
Was soll das eitle Flennen?   löblich steht es nicht an Reckenleibern.

2. Wollt ihr Gudrun helfen   aus ihrer Schmach und Not,
Wohlan, so färbt die Kleider,   die weißen, prächtig rot,
Die sie so lang gewaschen   mit ihren weißen Händen.
Das heiß' ich rechtes Dienen;   so glückt's uns wohl, zur Heimat sie zu senden."

3. Da sprach der Däne Frute: „Wie fangen wir es an
Landeinwärts vorzudringen,   eh' Ludwig und sein Bann
Und Hartmut mit den Helden   die Märe noch erfahren,
Daß schon in ihrem Reiche   gewappnet stehn Frau Hildens kühne Scharen?"

4. Da sprach der alte Wate: „Ich schenk' euch klaren Wein:
Traun vor der Feste selber   begrüß' ich jene fein,
Erleb' ich noch die Stunde,   da wir so nahe kommen.
Ihr Helden, räumt das Lager!   Sogleich voran und frisch das Land genommen!

5. Die Luft ist klar und heiter,   und breite, lichte Flut
Ergießt der Vollmond nächten;   des bin ich wohlgemut.
Ihr auserwählten Helden,   jetzt heißt es rastlos eilen:
Noch eh' der Morgen dämmert,   müssen wir vor Ludwigs Feste weilen." —

6. Nun strahlte hoch am Himmel des Morgensternes Schein;
   Da trat wohl an ein Fenster ein schönes Mägdelein.
   Sie spähte voll Verlangen, ob's noch nicht tagen wollte,
   Dieweil sie für die Meldung von Gudrun reichen Lohn empfangen sollte.

7. Da nahm die edle Jungfrau ein lichtes Dämmern wahr,
   Und aus dem Wasserspiegel sah sie hell und klar
   Gar viele Helme funkeln und viele lichte Schilde.
   Die Feste war belagert: von Waffen blitzte rings das Burggefilde.

8. Zur Ruhstatt ihrer Herrin flog sie allzuhand:
   "Erwacht, hohe Fürstin, erwacht: das ganze Land
   Und diese starke Feste belagern Feindesscharen!
   Unsre fernen Freunde vergaßen unser nicht in all den Jahren!"

9. Hei, wie die edle Gudrun aus dem Bette sprang
   Und an das Fenster eilte! Sie sagte jener Dank
   Für also gute Märe und lohnte bald mit Gaben.
   Sie konnte nach dem Elend an den Freunden kaum genug das Auge laben.

10. Noch waren sie am Reden, (das ganze Burgvolk schlief)
    Als droben Ludwigs Wächter mit Macht plötzlich rief:
    "Flink auf, ihr stolzen Recken! Waffen, Herr, Waffen!
    Herr König von der Normandie, Ihr schlieft zu lang; jetzt giebt's ein heißes Schaffen!"

11. Gerlinde war die erste, die der Ruf des Wächters traf.
    Sie ließ den alten König in seinem tiefen Schlaf.
    Sie stürzte jähen Laufes empor zu Turm und Zinne.
    Da sah sie viele Gäste; drob ward der Wölfin angst und bang zu Sinne.

12. Bald war zum Lager des Königs sie wieder zurückgerannt:
    "Wach' auf, König Ludewig! Die Burg, dein ganzes Land,
    Sie liegen wie ummauert von nicht geheuren Gästen!
    Heut zahlen deine Recken Gudruns Lachen mit dem Allerbesten!"

IX. Wie die Normannen aus der Burg ausfielen.

13. „Schweigt!" versetzte Ludwig;   „ich selbst will jene sehn.
    Wir alle müssen erwarten,   was uns nun mag geschehn."
    Er eilte stracks zum Männersaal,   um sorglich auszuschauen.
    Heut bekam er Gäste,   denen war nicht sonderlich zu trauen.

14. Nun weckte man auch Hartmut.   Der wackre Degen sprach,
    Als man ihm Kunde brachte: „Nur ruhig und gemach!
    Ich kenn' aus zwanzig Landen   der Fürsten Wappenzeichen.
    Der Feind ist wohl zu Handen,   um alte Schulden mit uns
    auszugleichen."

15. Noch ließ er alle Mannen   in ihren Betten ruhn.
    Mit seinem Vater Ludwig   ging der Recke nun
    Und lugte durch das Fenster.   Als er die Heere sahe,
    Da sprach er ohne Weilen: „Sie liegen meiner Burg halt
    etwas nahe.

16. Ein Banner seh' ich dorten,   so blendend ist kein Schwan.
    Und schaut das güldne Wappen!   Es ist kein eitler Wahn:
    Frau Hilde, meine Schwiegerin,   hat's über Meer gesendet.
    Den Grimm der Hegelingen,   wir spüren ihn, bevor der Tag
    noch endet.

17. Dicht daneben flattert   ein Banner lang und breit
    Aus himmelblauer Seide.   Vernehmt bei meinem Eid:
    Das bringt uns König Herwig;   aus Seeland stammt der Kühne.
    Seerosen zeigt die Mitte.   Er sinnt für altes Leid auf neue
    Sühne.

IX. Wie die Normannen aus der Burg ausfielen.

1. Hartmut rief den Mannen: „Flink auf nun allzumal!
   Grimme Gäste pochen   am Thor in großer Zahl!
   Nicht gönn' ich ihnen die Ehre   der Rast vor meiner Feste.
   Wohlan, mit Schwerthieben   begrüßen wir sie draußen auf
   das beste!"

2. Alsbald kam Frau Gerlinde,   König Ludwigs Weib.
  „Was wollt Ihr thun, Herr Hartmut?   Wollt Leben Ihr
    und Leib
  Heute ganz verlieren   mit allen unsern Helden?
  Der Feind wird Euch erschlagen,   gedenkt Ihr draußen Euch
    bei ihm zu melden."

3. Da sprach der edle Ritter: „Thut, Mutter, Eure Pflicht!
  Mich und meine Recken   zu meistern glückt Euch nicht.
  Ratet Euren Frauen,   die gern sich weisen lassen,
  Wie sie Seidenstoffe   mit Gestein und Golde zierlich fassen.

4. Und heißt mit ihren Mägdlein   Gudrunen waschen gehn,
  Wie es bis zur Stunde   so oft von Euch geschehn.
  Ihr wähnetet ja, sie hätte   nicht Freund, nicht Heergesinde.
  Ihr mögt noch heut erfahren,   wie raschen Dank man bei den
    Gästen finde."

5. Da sprach die böse Teufelin: „Dienen wollt' ich dir,
  Indem ich Zwang versuchte.   Wohlan, nun folge mir!
  Gar stark ist unsre Feste;   heiß dicht die Thore schließen!
  Dann mögen die bösen Gäste   ihrer Fahrt nicht allzu sehr
    genießen.

6. Und bedenke weislich,   viellieber Sohn, auch dies:
  Brot und Wein die Fülle   lagert im Verließ,
  Und für ein Jahr besitzen   wir sonst auch gute Speise.
  Doch wen die Feinde fangen,   den lösen sie auch nicht zum
    höchsten Preise.

7. Du weißt ja wohl, sie tragen   dir haßerfüllten Mut,
  Dieweil du einst erschlagen   so viel' aus ihrem Blut.
  Drum hüte dich! Da draußen   hast du an Sippen keinen.
  Die stolzen Hegelingen   stellen ihrer zwanzig wider einen."

8. Und weiter riet dem Helden   König Ludwigs Weib:
  „Behütet Eure Ehre,   doch wahrt zugleich den Leib!
  Mit Armbrüsten heißet   aus den Fenstern schießen!
  Schafft allen solche Wunden,   daß ihrer Weiber Thränen ewig
    fließen!

IX. Wie die Normannen aus der Burg ausfielen.

9. Das Wurfzeug auch, das beste,   beseile man im Flug
Wider diese Gäste!   Die Burg hat Recken genug.
Und eh' ich euch gestatte   die Schwerter zu gebrauchen,
Schlepp' ich samt meinen Mädchen   das Steingeschoß heran
in unsern Stauchen."

10. In hartem Mut sprach Hartmut: „Fürstin, geht zuhand!
Was soll mir Euer Raten?   Wozu hätt' ich Verstand?
Eh' man in dieser Feste   mich eingeschlossen fände,
Lieber stürb' ich draußen   durch der Hegelingen grimme Hände."

11. Aufs beste stund gewappnet   König Ludwigs Bann
Samt Hartmuts kühnen Scharen;   doch ehe sie vondann
Aus der Pforte zogen,   ward sichre Hut geschaffen:
Im Ring der Burg verblieben   fünfhundert Ritter wohlgeübt
in Waffen.

12. Nun kam des Kampfes Stunde.   Der Held aus Stürmenland
Begann ein Horn zu blasen: laut erscholl der Strand
Von seiner starken Stimme,   hinaus auf dreißig Meilen.
Man sah die Hegelingen   zu Hildens Bannern streitbegierig eilen.

13. Er blies zum andern Male,   er wußte traun wozu:
Da schwang sich in den Sattel   jedweder Held im Nu
Und thät die Seinen ordnen   und nach dem Ziele richten.
Von keinem alten Recken   war je im Streit so Großes zu be=
richten.

14. Er blies zum dritten Male;   der Donnerruf erscholl,
Daß ihm der Strand erzitterte   und wild die Meerflut schwoll.
Aus Ludwigs Mauer wollten   die Ecksteine springen.
Darauf gebot er Horand   mit Hildens Feldzeichen vorzudringen.

15. Aus großer Furcht vor Waten   sprach keiner einen Laut;
Nur Roßgewieher tönte.   Herwigs holde Braut
Stund droben an der Zinne;   gar stattlich sah man reiten
Die wunderkühnen Helden;   sie lechzten schier mit Hartmuts
Schar zu streiten.

IX. Wie die Normannen aus der Burg ausfielen

16. Nun war auch König Hartmut   mit seinem ganzen Heer
Aus dem Thor gedrungen;   sie trugen stolze Wehr.
Von Freunden und von Feinden   durch die Fensterscharten
Sprühten lichte Helme,   die Weib und Magd mit stillem Grauu
                                                gewahrten.

17. An seiner Mannen Spitze   ritt Hartmut hoch einher;
Und war er selbst ein Kaiser,   er konnte nimmermehr
Sich stolzer noch gebaren: schier glomm im Schein der Sonnen
Seine ganze Rüstung.   Noch war der hohe Mut ihm nicht
                                                zerronnen.

18. Gar bald ersah ihn Ortwin;   der junge Held hub an:
„Und will uns jemand sagen,   der uns bescheiden kann:
Wer ist der hohe Recke?   So stolz ist sein Beginnen,
Als wollt' er halt ein Königreich   mit seines Armes Kraft uns
                                                abgewinnen."

19. Da sprach der Mannen einer: „'s ist Hartmut, geht das Wort.
Wo Helden sich erproben,   ein Meister ist er dort.
Fürwahr, es ist derselbe,   der deinen Vater erschlagen.
In allen harten Stürmen   sieht man seinen Mut das Kühnste
                                                wagen."

20. In Zorn rief König Ortwin   und höchster Ungeduld:
„So ist er denn mein Schuldner   und zahlt mir heut die
                                                Schuld!
Was wir an ihm verloren,   wir wollen's heimgewinnen.
Gerlindens Tücken sind umsonst;   er kommt mir lebend nim=
                                                mermehr von hinnen."

21. Ingleichen hatte Hartmut   auch Ortewin erschaut.
Zwar fremd war ihm der Degen,   doch in die Weichen haut
Er seinem Roß die Sporen,   daß in weitem Sprunge
Es anstürmt auf den Gegner.   Jeder neigte seinen Speer zum
                                                Schwunge.

IX. Wie die Normannen aus der Burg ausfielen.

22. Dem Feind ersparte keiner   so wunderstarken Schwang,
Daß Ortwins gutes Streitroß   auf die Hessen sank
Und Hartmuts junger Nordmannshengst   im Straucheln heut
  sich übte.
Zu unsanft war den Gäulen,   was ihrer Herren Ungestüm
  verübte.

23. Auf sprangen schnell die Rosse.   Nun hob sich lauter Klang
Von beider Könige Schwertern.   Man wußt' es ihnen Dank,
Daß sie den Streit begonnen   mit reckenhaften Streichen.
Sie pflagen wilden Trotzes,   und keiner wollte seinem Gegner
  weichen.

24. Ortewin der junge,   wohl war er kühn genug;
Doch groß war Hartmuts Stärke,   die ihm den Helm durchschlug,
Daß seiner Brünne Platten   ihm ganz mit Blut berannen.
Mit geringer Freude   sahen dieses Ortwins treue Mannen.

25. Da hub sich wildes Drängen;   man mischte sich im Streit
Und schlug sich durch die Ringe   viel Wunden tief und weit.
Die Schwerter mähten grimmig   manch Haupt vom Rumpf;
  ich glaube,
Der Tod bewies es heute,   wie gern den Menschen er die
  Freunde raube.

26. Jetzt sah der Däne Horand,   daß Ortwin troff von Blut.
Da hub er an zu fragen,   (gar zornig war sein Mut)
Wer seinen lieben Herren   so wund und rünstig machte.
In des Dänen Nähe   hielt König Hartmut hoch zu Roß und
  lachte.

27. Ortwin selbst versetzte: „Herr Hartmut that den Streich."
Aus seiner Hand gab Horand   Frau Hildens Banner sogleich,
Das er dem Feind zu Schaden,   sich selbst zu großen Ehren
Stets zu führen wußte.   Den Herrn zu rächen war sein heiß
  Begehren.

IX. Wie die Normannen aus der Burg ausfielen.

28. In seiner Nähe hörte Hartmut wilden Schall
Und sah gar manche Quelle in blutig rotem Fall
Jäh hernieder stürzen vom Haupt bis zu den Füßen.
Da sprach der kühne Degen: „Jetzt gilt's, den Freunden den
           Verlust zu büßen."

29. Er warf den Hengst zur Seite, wo er Horand sah.
Hei, was von beider Stärke an Wundern dort geschah!
Wilde Funken sprühten aus den Ringen beiden;
Auf dem Helmgespänge bogen sich im Hieb der Schwerter
           Schneiden.

30. Wie jüngst dem kühnen Ortwin von seiner Hand geschach,
Traf Hartmut auch den Dänen, daß ihm ein roter Bach
Aus seinem Panzer strömte. Fürwahr, nicht zu verachten
Waren Hartmuts Streiche. Wer mochte noch nach seinem Reiche
           trachten?

31. Nun war auch König Herwig, also ward uns kund,
Mit großer Schar gekommen. Wo Ludwigs Heerbann stund,
Da gab's ein grimmes Streiten. Der Alte mit seinen Degen
Fällte guter Recken wunderviel mit ungestümen Schlägen.

32. Laut hallte Herwigs Stimme: „Ist einem hier bekannt,
Wer jener alte Kämpe? Er hat mit seiner Hand
So viel der tiefen Wunden weit und breit gehauen,
Daß ob seiner Stärke weinen müssen viele schöne Frauen."

33. Vernommen hatte Ludwig, was Seelands Fürst gesagt.
„Wer ist, der hier im Treffen nach meinem Namen fragt?
Ich heiße König Ludewig, bin Vogt in diesem Reiche.
Wie gern in unserm Handel tauscht' ich mit euch Herren Streich
           auf Streiche."

34. „Und nennest du dich Ludewig," rief König Herwig drauf,
„So nimm, den du verdienest, auch meinen Haß in Kauf!
Du hast uns viele Recken erschlagen auf dem Sande,
Auch Heteln uns getötet; der war der beste Held in seinem
           Lande.

35. Ich heiße König Herwig: du raubtest mir mein Weib.
Das gieb mir wiederum heraus, sonst geht's an Leben und Leib
Einem von uns beiden, dazu gar manchem Recken."
Da sprach der König Ludwig: "In meinem eignen Land willst
du mich schrecken?

36. Du hast mir deine Beichte unnötig abgelegt.
Ich habe noch gar manchem, der hier die Waffen regt,
Sipp' und Gut genommen. Du magst dich drauf verlassen:
Du sollst, so will ich's fügen, dein Weiblein nimmer küssen
noch umfassen."

37. Ein wackrer Held war Herwig und hegte kühnen Mut;
Doch traf den jungen König des Alten Arm so gut,
Daß er begann zu straucheln vor dem wilden Streiche.
Gern hätt' ihn Hartmuts Vater getrennt von Leib und Leben,
Volk und Reiche.

38. Und waren Herwigs Mannen mit Hilfe nicht zur Hand,
Die sie mit Macht gewährten: ihr junger König fand
Hier sein letztes Ende vor des Normannen Füßen.
Der alte Ludwig wußte das junge Volk halt bitterbös zu
grüßen.

X. Wie die Normannen zurückgeworfen wurden.

1. Die Seinen halfen Herwig unversehrt vondann.
Als er nun vom Falle sich zu erheben begann,
Da thät er mit den Augen flugs zur Zinne spähen,
Ob sie wohl da droben seines Herzens Traute weilen sähen.

2. Er dacht' in seinem Sinne: "Wie schlimm ist mir geschehn,
Wenn Gudrun, meine Herrin, dies mit angesehn!
Vergönnt mir je das Schicksal dem holden Weib zu nahen,
So ernt' ich bittren Tadel, wenn sich mein Herze sehnt sie zu
umfahen.

3. Daß mich der böse Graubart   hier zu Boden schlug,
   Des schäm' ich mich von Herzen."   Ein Wink, und freudig trug
   Sein Banner wider Ludwig   die Heerschar seiner Mannen.
   Sie drangen in die Feinde: lebendig sollte jener nicht von
   dannen.

4. In seinem Rücken hörte   Ludwig lauten Hall.
   Er wandte sich und stürmte   mitten in den Schwall.
   Hei, wie auf den Helmen   die Schwerter wild erschollen!
   Die Gefährten beider Recken   empfanden bitter ihrer Herren
   Grollen.

5. Gudruns Herzgeliebter   traf mit starker Hand
   Den Alten unterm Helme,   über des Schildes Rand.
   So tief schnitt die Wunde,   er konnte nicht mehr streiten.
   Nun galt's, vor Herwigs Augen   auf den grimmen Tod sich
   zu bereiten.

6. Der schlug zum zweiten Male   ihm also scharfen Schwang,
   Daß dem König Ludewig   das Haupt vom Nacken sprang.
   Er hatt' ihm reich vergolten,   daß er vor ihm gefallen.
   Tot lag der Nordmannskönig;   drob sollten vieler Augen über-
   wallen.

7. Die ganze Hut der Feste   sah seinen Tod mit an.
   Da hub sich lauter Jammer,   es weinte Weib und Mann.
   Dem Recken Hartmut drunten   ward noch keine Märe,
   Daß mit vielen Rittern   sein Vater Ludewig erschlagen wäre.

8. Er sprach zu seinen Mannen   (laut hallte sein Gebot):
   „Nun kehrt mit mir von dannen!   Hier liegt gar mancher tot,
   Der uns im harten Streite   gedachte zu erschlagen.
   Jetzt mag die Burg uns bergen!   Dort laßt uns harren bis
   zu bessern Tagen!"

9. Sie wandten flugs die Rosse   und folgten ihm gar gern.
   Sie hieben durch die Walstatt   sich Bahn mit ihrem Herrn.
   Schon mochten sie vom Frieden   der sichern Feste träumen:
   Da gab's noch an der Pforte   für Hartmuts Schar ein unver-
   hofftes Säumen.

X. Wie die Normannen zurückgeworfen wurden.

10. Mit tausend seiner Helden   stund Wate schon davor.
    Das war ein starker Riegel;   wer schöbe den vom Thor?
    Was war nun zu beginnen?   Wohl warf man Laststeine
    Vom Burgwall auf die Feinde;   doch Hartmut sah, Errettung
    schuf's ihm keine.

11. Auf Waten und seine Recken   schlug's so grimm und schwer,
    Als führ' ein Hagelschauer   aus schwarzer Wolke her.
    Was kümmert's ihn, wer stürbe,   und wer da leben bliebe?
    Wie er den Sieg erwürbe,   nur darauf stunden seines Herzens
    Triebe.

12. Als Hartmut so am Burgthor   den alten Wate fand,
    Da rief er: „Weh, zur Stunde   büßt unser ganzes Land,
    Was wir zuvor verdienet!   Bricht der das Thor sich offen,
    So giebt es einen Pförtner,   von welchem nicht viel Gutes zu
    erhoffen.

13. Schaut, ich kann nicht fliegen   (Federn hab' ich nicht)
    Noch in die Erde schlüpfen,   was heut mir auch geschicht.
    Auch können vor den Feinden   wir nicht aufs Meer entrinnen.
    Vernehmt, ihr wackern Degen,   was mir das Beste scheint in
    meinen Sinnen.

14. Nur eins kann Heil gewähren,   ihr Recken frohgemut:
    Herunter von den Mähren!   Haut heißes Lebensblut
    Aus den lichten Ringen!   Wohlan nun unverdrossen!"
    Sie sprangen aus den Sätteln,   und freien Laufpaß gaben sie
    den Rossen.

15. Als Wate Hartmuten   heran dringen sah,
    Da sprach er grimm zu Fruten   (mit dem Banner stund er nah):
    „Schon hör' ich in der Nähe   guter Schwerter Hiebe;
    Viellieber Vetter Frute,   daß Euch nur keiner von der Pforte
    schiebe!"

16. Dann lief mit wilden Streichen   er Hartmuten an;
    Doch nimmer wollte weichen   der heldenhafte Mann.
    Den Glanz der Sonne trübten   des Staubes dichte Schwärke.
    Mit frischer Kraft verübten   um Ruhm und Ehr' die Recken
    Wunderwerke.

X. Wie die Normannen zurückgeworfen wurden.

17. Da drang zu Hartmut plötzlich   der Mutter Weheruf.
    Welch Leid des Königs Ende   Ludwigs Weibe schuf!
    Auch bot sie reiche Gaben,   wenn man den Herren rächte
    Und mit den Mägden allen   Gudrun selbst zu jähem Tode
    brächte.

18. Da lief ein feiler Schächer,   dem Gold das höchste Gut,
    Zu den schönen Frauen.   Es wich alles Blut
    Aus ihren holden Wangen.   Dem hohen Sold zuliebe
    Wollt' er alle töten,   daß auch nicht eins der fremden Mägdlein
    bliebe.

19. Als Hildens liebe Tochter   die blanke Waffe sah,
    Von grimmer Hand geschwungen,   wie schwer empfand sie da,
    Daß sie so ganz geschieden   von ihren Freunden und Magen.
    Wer mochte Hilfe bringen?   Fast wär' ihr jetzt das Haupt vom
    Rumpf geschlagen.

20. Was galt ihr noch die Sitte   bei solcher Angst und Not?
    Sie schrie so laut und gellend,   als faßte sie der Tod.
    Auch schrieen alle Frauen,   die dort versammelt waren
    In den weiten Fenstern.   Wo sah man je solch jammerreich
    Gebaren?

21. Gudruns Stimme hatte   Herr Hartmut flugs erkannt.
    Verwundert sah er aufwärts: vor der Jungfrau stand
    Ein Bube mit dem Schwerte,   bereit die Magd zu töten.
    Da hub der edle Recke   gar lauten Ruf trotz seinen eignen
    Nöten.

22. „Wer bist du, feiger Schurke?   Was zwänge dich dazu,
    Die Jungfrau zu erschlagen?   Laß alle Frau'n in Ruh!
    Erschlägst du auch nur eine,   dein Leben wär' verloren:
    Dir und deiner Sippe   wär' als Lohn der Galgen zugeschworen."

23. Der Mörder sprang von hinnen,   von Hartmuts Zorn bedroht;
    Der Held erlitt schier selber   von Watens Hand den Tod,
    Dieweil in edlen Treuen   er sich befliß, dem Bösen
    Die Ärmste zu entreißen   und sie vom grimmen Tode zu erlösen.

X. Wie die Normannen zurückgeworfen wurden.

24. Wate war von neuem   auf Hartmut angestürmt;
    Schon hatt' er einen ganzen Berg   von Toten aufgetürmt;
    Da kam die junge Ortrun   mit gerung'nen Händen
    Und sank zu Gudruns Füßen,   der edlen Fürstin Herz vom Groll zu wenden.

25. Sie sprach: „O hab' Erbarmen,   edles Königskind!
    Du siehst, wie viele Sippen   mir schon gefallen sind.
    Bedenk', wie dir gewesen,   als sie vor langen Tagen
    Den Vater dir erschlugen.   Nun hat man mir den meinen auch erschlagen!

26. Und schau nur, edle Jungfrau,   jetzt dräut noch andre Not:
    Mein Vater und die meisten   der Freunde liegen tot;
    Nun naht dem Recken Hartmut   von Waten das Verderben.
    Ich wär' im Leben ganz verwaist,   müßte mir auch noch der Bruder sterben.

27. Und eins sei mir vergolten,"   schloß die edle Magd:
    „Von allen, die hier leben,   hat niemand dich beklagt;
    Nur ich war dir gewogen,   sonst niemand von den Meinen;
    So oft dich einer kränkte,   mußt' ich recht von Herzen um dich weinen."

28. „Das thatest du," sprach Gudrun,   „in Hulden allezeit;
    Doch ach, wie könnt' ich hemmen   den grimmen Männerstreit?
    Wär' ich doch ein Recke,   der gute Waffen trüge,
    Wie gerne würd' ich's wehren,   daß deinen Bruder niemand dir erschlüge."

29. In heißen Thränen wußte   sich Ortrun nur noch Rat,
    Bis die edle Gudrun   in das Fenster trat.
    Sie winkte mit den Händen   und rief: „Ist aus den Landen
    Meines hohen Vaters   der Edlen einer im Gewühl vorhanden?"

30. Herwig rief hinwieder,   der Ritter stolz und gut:
    „Wer seid Ihr, hohe Jungfrau,   die diese Frage thut?"
    Sie sprach: „Ich heiße Gudrun,   die Hagens Blut entsprossen;
    Einst war ich reich an Wonne,   doch hier ist all mein stolzes Glück zerflossen."

31. Er sprach: „Und seid Ihr Gudrun, die liebe Herrin mein,
So will ich Euch mit Freuden allzeit zu Diensten sein!
Ich bin derselbe Herwig, der Euch sich einst erkoren.
Mein Trost, Ihr sollt es sehen: Eure Not ist bald von mir
beschworen."

32. Sie sprach: „Wollt Ihr mir dienen, Ritter hochgemut,
So zürnet nicht und haltet uns einen Wunsch zugut:
Mich bitten schöne Frauen in schwerem Herzeleide,
Daß man Hartmuten im Kampfe von dem alten Wate scheide."

33. „Den Wunsch, vielliebe Herrin, erfüll' ich Euch im Nu!"
Laut rief der König Herwig dem alten Wate zu:
„Lieber Freund, Wate, nun wollet Ruh gewähren
In diesem wilden Männerstreit! Holde Frauen bitten Euch
mit Zähren."

34. „Ei geht mir doch, Fürst Herwig!" rief Wate zornentbrannt;
„Wollt' ich Weibern folgen, wo bliebe mein Verstand?
Es wär' mein eigner Schade, der Feinde hier zu schonen.
Ich kann Euch nicht erhören. Seinen Frevel muß ich Hartmut
lohnen."

35. Zwischen beide Recken, der Braut zuliebe, sprang
Der kühne Degen Herwig. Hei, welch ein Schwertklang!
Gar grimmig tobte Wate; er wußt' es zu verleiden,
Daß jemand sich erkühnte, im Kampf von seinen Feinden ihn
zu scheiden.

36. Er gab dem König Herwig so auserles'nen Schlag,
Daß der Streitschlichter zu seinen Füßen lag.
Sein Kriegsvolk sprang dazwischen und half ihm flugs von
dannen.
Hartmut war gefangen trotz Herwig und der Heerschar seiner
Mannen.

XI. Wie die Burg der Normannen von den Hegelingen eingenommen ward.

1. Wie oft man auch die Feinde   mit schwerem Wurf und Schuß
Von der Feste drängte,   Wate nahm zum Schluß
Sie doch in grimmen Stürmen.   Bald waren losgehauen
Die Riegel aus den Mauern.   Da gab es wildes Jammern
schöner Frauen.

2. Zu manchem reichen Gaden   sprengte man die Thür;
Aus den Burggemächern   scholl wüster Lärm herfür.
Da waren nun die Sieger   nicht eines Muts und Sinnes:
Viele schlugen Wunden,   die andern pflagen eifrig des Ge-
winnes.

3. Traun, in der Burg war niemand   an Freuden allzu reich:
Die Rache schuf Verderben   Mann und Weib zugleich.
Wie viele der Normannen   sah man hier erliegen.
Verbluten und verröcheln   mußte selbst manch Kindlein in der
Wiegen.

4. Da schalt den grimmen Wate   Frold, der starke Mann:
„Was thaten Euch zum Henker   die jungen Kinder an?
Kein Leid traf unsre Magen   durch die Schuld der Armen.
Wohlan, zur Ehre Gottes   laßt der kleinen Waisen Euch er=
barmen!"

5. Da rief der alte Wate: „Du hast Kindsverstand!
Dich dünkt, verschonen sollte   Watens Rächerhand,
Was in der Wiege weine?   Wär' einst die Brut erwachsen,
So traut' ich ihr im Leben   kein Härlein mehr als einem
wilden Sachsen."

6. Aus den Räumen strömte   nach allen Seiten Blut.
Der Anblick nahm den Freunden   der Erschlag'nen allen Mut.
Da kam die edle Ortrun   mit bleicher Angstgebärde
Aufs neu' zu Hildens Tochter;   sie bangte, daß die Not noch
größer werde.

7. Man sah gesenkten Hauptes sie vor der Schönen stehn:
„O möchte, Herrin Gudrun, dir tief zu Herzen gehn
Mein allzu starker Jammer! Laß mich nicht verderben!
Versagst du mir die Gnade, so muß ich hier durch deine Freunde sterben."

8. „Ich will dich gerne retten, wenn's steht in meiner Hand,
Da ich dich aller Ehren und Güter würdig fand.
Friede soll dir werden, kein Leid dir widerfahren:
Tritt dicht an meine Seite mit deinen Frauen, deinen Mägdescharen!"

9. Herbei kam auch gelaufen die Teufelin Gerlind.
Sie warf sich unterthänig aufs Knie vor Hildens Kind:
„Nun rett' uns, hohe Königin, vor Waten und seinen Mannen!
Es steht bei dir alleine; kein andrer könnte mein Verderben bannen."

10. Da sprach Frau Hildens Tochter: „Nun hör' ich laut Euch flehn,
Ich möcht' Euch Gnade schenken; wie könnte das geschehn?
Was je mein Mund erbeten, Ihr wolltet's nie gewähren.
Was wußtet Ihr von Gnade? Drum löscht Ihr meinen Zorn durch keine Zähren."

11. Inzwischen hatte Wate der Frauen Schar gewahrt.
Mit lichterlohen Augen, mit ellenbreitem Bart,
Mit lautem Zähneknirschen thät der Alte nahen.
Vor dem Held von Stürmen bebten alle, die den Grimmen sahen.

12. Er war mit Blut beronnen, es troff sein Waffenkleid.
Wie Gudrun sein sich freute, es schuf ihr dennoch Leid,
Daß er so wilden Mutes kam herangegangen.
Vor Grauen hat wohl keine der Frauen ihn mit holdem Gruß empfangen.

13. Nur die Fürstin Gudrun trat dem Alten nah.
Hildens reine Tochter sprach in Ängsten da:
„Sei mir willkommen, Wate! Mich labte deine Nähe,
Wenn so vielen Leuten nicht gar so schwerer Harm durch dich geschähe."

14. „Ich dank' Euch, edle Jungfrau; seid Ihr Frau Hildens Kind?
Sagt an, wer diese Frauen an Eurer Seite sind!"
Da sprach die junge Fürstin: „Ortrun heißt die Gute;
Die mußt du schonen, Wate. Den Frauen ist gar bang vor
dir zu Mute.

15. Und jene sind die Armen, die einstens Ludwigs Heer
Mit mir aus Vaters Lande geschleppt durchs weite Meer.
Ihr trieft so arg von Blute; drum bleibet uns noch ferne.
Eure spätern Dienste empfahn wir Heimatlosen dann gar
gerne."

16. Einem Widersacher spürte Wate nach,
Den er am grimmsten haßte. In jedem Burggemach
Sah er, ob er fände die Teufelin Gerlinde.
„Sie birgt sich bei der Königin: bei Gudrun weilt sie mit dem
Ingesinde."

17. Voll Ingrimms kehrte Wate hinwieder zu dem Saal:
„Heraus, o Herrin Gudrun, gebt mir allzumal
Gerlinden samt den Freunden, die Euch zum Waschen zwangen,
Dazu der Männer Sippe, die mordend einst in unsre Lande
drangen."

18. „Von denen ist hier niemand," sprach sie sanftgemut.
Doch näher trat Herr Wate; ihm wallte heiß das Blut:
„Und wollet Ihr in Bälde mir nicht die Rechten weisen,
So streck' ich Freund' und Feinde zu Euren Füßen hier mit
diesem Eisen."

19. Sie bangten, als sie Waten so grimmig zürnen sahn.
Ihm winkte mit den Augen ein Mägdlein wohlgethan.
So kannt' er nun die schlimmste aller Teufelinnen:
„Ei sagt mir, Frau Gerlinde, begehret Ihr noch mehr der
Wäscherinnen?"

20. Er packte sie beim Arme und zog sie mit hinaus.
Ich wähne, Frau Gerlinden erfaßte Schreck und Graus.
„Hohe Fürstin," sprach er und tobte grimm und grimmer,
„Meine junge Königin wäscht hinfürder Eure Wat wohl
nimmer."

21. Die Frauen schrieen allesamt   in ihrer Ängste Qual.
    Wate kam aufs neue: „Sind hier noch mehr im Saal,
    Die zur Sippe zählen?   Die sollet Ihr mir zeigen.
    So fürnehm gilt mir keine,   daß sie ihr Haupt nicht müßte vor
    mir neigen."

22. Darob versetzte weinend   Hetels edles Kind:
    „Schonet mir zuliebe,   die hier versammelt sind!
    Im Vertrau'n auf Gnade   sind sie zu mir geeilet.
    Ortrun ist's, die edle,   die hier mit ihren Frauen bei mir
    weilet."

23. Nun ruhten von dem Streite   die Recken allzumal.
    Da kam der König Herwig   zu Ludwigs weitem Saal
    Mit seinen Kampfgenossen   blutbenetzt gegangen.
    Als Gudrun ihn erschaute,   da ward er minniglich von ihr
    empfangen.

24. Wie schnell von seiner Hüfte   das Schwert der Stolze band!
    Er warf es samt der Brünne   in den Schild zuhand.
    Geschwärzt vom Eisen stund er   vor der edlen Frauen.
    Oft hatte für die Gute   er durch die Walstatt heut sich Bahn
    gehauen.

25. Auch der junge König   von Ortland kam heran,
    Dazu die andern Helden;   sie nahten Mann für Mann.
    Sie lösten ihre Helme,   die Mägdlein zu begrüßen.
    Das mochte Hildens Tochter   und ihren Frau'n schier alles
    Leid versüßen.

26. Da hielten nun die Fürsten   mit ihren Mannen Rat.
    Kassiane war gefallen   durch kühne Waffenthat;
    Und mit der stolzen Feste   war alles Land bezwungen.
    „Drum übergebt," riet Wate,   „mit Saal und Türmen sie
    den Flammenzungen!"

27. Da sprach der Däne Frute: „Das unterlasset sein!
    Sie muß für unsre Herrin   jetzt noch Wohnstatt sein.
    Auch beut sie unsern Helden   Schutz und Schirm im Lande.
    Doch heißt die Toten tragen   aus den Zimmern und des Walles
    Rande."

von den Hegelingen eingenommen ward. 149

28. Man folgte Frutens Worten; der Held war weidlich klug.
Hei, was man aller Orten an Recken fürbaß trug!
An ihren Leibern klafften tiefe Todeswunden.
Auch warf man in die Wogen die Leichen, die man vor dem Thor gefunden.

Nach einem schnellen Rachezuge durch das Normannenland treten die Hegelingen die Heimfahrt an, Hartmut und Ortrun nebst zahlreichen Mannen und Frauen als Kriegsgefangene und reiche Schätze als Siegesbeute mit sich führend. Mit hellem Jubel und voll Dankbarkeit gegen ihre getreuen Mannen empfängt Hilde die gerettete Tochter. Eine vierfache Hochzeit besiegelt das erneute Glück und die Versöhnung der feindlichen Geschlechter: Herwig führt Gudrun, Ortwin Ortrun, Hartmut Hildburg, Siegfried eine Schwester Herwigs heim.

Aus Wilhelm Jordans Nibelungen.

Sigfridsage. 13. Gesang.

Aus Gunthers Wettkampf mit Brunhilde.

Des Werfens kundig hatte der König
Innen die Rechte mit Rost berieben.
Er umklammerte fest mit nervigen Fingern
Den Wulst der Scheibe und hob sie zur Schulter.
5 Mit knappem Ruck, daß die Knochen ihm knackten
Im sehnigen Arm, entsandt' er die Erzlast,
Daß sie vorn an den Fingern die Haut mit fortnahm.
Man hörte sie summen, doch niemand sah sie,
Bis sie sinkend endlich im Sande aufschlug,
10 Um weiter zu rollen zum Rande des Ringens,
Wo die hemmende Planke polternd zerplatzte.
Das Mal ward gemessen. Es lag in der Mitte
Des dreizehnten Klafters. Noch nie so klärlich
War überwunden im ersten Wettspiel
15 Die hünische Heldin; es hatte sich höchstens
Bei den Spielen bis heut' um Spannen gehandelt.

Sie stand betroffen. Ihr Selbstvertrauen
War tief erschüttert. Ein schädlicher Zufall,
Sie hatt' es gespürt, indem es zu spät war,
20 Und wußte nicht, welcher, hatte gewaltet;
Zu deutlich indes auch ohne diesen
War sie bezwungen; denn zwischen die zwölften
Und dreizehnten Marken war ihr Malwurf,
Sogar ihr fernster, noch niemals gefallen.

Aus Gunthers Wettkampf mit Brunhilde.

Nach kurzem Schwanken eilte sie schweigend 25
Zurück in ihr Zelt. Mit lautem Zuruf
Begrüßt von der Menge und seinen Mannen,
Begab sich auch Gunther voll guten Mutes
In die Hütte von Leinwand, mit Helm und Harnisch
Zum weiteren Wettspiel die Glieder zu wappnen. 30
Doch da bot ihm erst Hagen im goldenen Becher
Stärkenden Wein. Er stürzt' ihn hinunter
Und sank auf den Sitz mit betäubten Sinnen.

Gekleidet in Stahl vom Fuß bis zur Stirne,
Den schimmernden Schild an der linken Schulter, 35
Erschien Brunhilde nach kurzem Harren.
Einzig ihr Hals war ungeharnischt;
Die schuppige Binde auch ihn zu bergen
Hielt ihr ein Höfling bereit in den Händen.
Ihr trugen den Speer mit gestumpfter Spitze 40
Drei kräftige Männer; denn viertehalb Masseln
An Erz und Eisen beschwerten die Esche.

Mit der Fürstin zugleich trat funkelnd und glänzend
Ihr Gegner heraus, so leichten Ganges,
Als trüg' er nur Seide, und sorglos sicher; 45
Doch er kam wie vorher im vergoldeten Harnisch,
Auf dem Haupte den Helm mit der Herrscherkrone;
Nur lag jetzt die Senke vor seinem Gesichte.
Sein linker Arm, durch die ledernen Ösen
Von innen geschoben, trug, jetzt noch geschultert, 50
Die gebuckelte Scheibe des bauchigen Schildes
Von sechsfacher Rindshaut mit stählernem Rande,
Die Mitte mehrfach beschlagen mit Messing,
Den geschossenen Schaft unschädlich zu fangen.

Doch zuvörderst zum Weitsprung in voller Bewaffnung 55
Winkte nun Brunhild die Bretter zu bringen.
Sie hoffte heimlich, von diesem Harnisch
Bis unter das Kinn so fest umkapselt,
Spränge der Held sich selber den Hals ab,

60 Und sie spare den Speerwurf, das letzte der Spiele.
Sie kannte nicht das Kunstwerk am Panzer des Königs,
Den geschmeidigen Halsring von hiebfestem Erze
Und leicht sich verschiebenden schmalen Schuppen.

Schon lagen in Ordnung die Planken zum Anlauf
65 Und ein rotes Seil dicht über dem Sande
Bezeichnete das Ziel an der zehnten Elle.
Rasselnd rannte Brunhild zum Rande
Des biegsamen Schwungbretts, und leicht entschwebend
Wie ein funkelnder Vogel faßte sie Boden
70 Jenseits des Ziels und nur mit den Zehen.
Wie sehr man gesucht, man hätte im Sande
Die Spur nicht gefunden von ihren Fersen.

Just will sie sich wenden, da hört sie verwundert
Hinter sich her schon erklirren den Harnisch,
75 Die Schenkelschienen; — ihr schießt ein Schatten
Über den Kopf hin — es ist der König!
Weit jenseits der Zeichen, so fern von der Zielschnur
Als diese von den Bohlen, berührt er den Boden.

Der Jubel der Menge war unermeßlich,
80 Denn ein solcher Sieg war noch niemals geschehen.

Er ist dennoch sein Bruder! dachte nun Brunhild
Und stand wie versteinert. Beinahe verstummte
In ihrem Herzen die Stimme des Hasses,
Und Gunther als Gattin ins Land der Burgunden
85 Besiegt zu folgen schien minder furchtbar.
Doch rasch sich entsinnend der Worte Sigfrids,
Durchfuhr es ihr siedend noch einmal die Seele,
Und die Regung der Milde wich der Mordlust.
Sie band um den Hals die schuppige Berge,
90 Trat in die Mitte und winkte den Männern
Zum letzten der Spiele den Speer zu bringen.

Auf zwanzig Gänge wiesen dem Gegner
Die Richter den Standort und stellten die beiden

Aus Gunthers Wettkampf mit Brunhilde.

So, daß die Sonne seitwärts von Süden
Und keinem zum Schaden die Kämpfer beschien. 95

Da faßte Brunhild mit zween Fingern
Den langen Wurfspieß und ließ ihn wirbeln
In erhobner Hand ob ihrem Helme,
Daß der eine Speer wie hundert Speichen
Eines riesigen Rades blendend herumlief. 100
So schien sie zu scherzen. Ihr Gegner schaute
Neugierig zu, nickte Beifall
Und vergaß sich zu schützen mit seinem Schilde.
Das war ihr Plan. Plötzlich lag nun
Fest in der Faust die gewaltige Waffe 105
Und schoß nach der Brust des unbeschirmten.

Doch schneller, als die Lanze die Luft durchschnitten,
Erhob seine Linke den ledernen Hohlschild,
Und er fing mit der Mitte, dem Felde von Messing,
Die stumpfe Spitze des starken Speeres 110
Ohne zu wanken. Durch die Gegenbewegung
Wandt' er ihn werfend. Hinauf zu den Wolken
Schoß im Rückprall der Schaft wie ein Rohrpfeil.
Dann, im Fallen ihn fangend, faßt' er ihn vorne,
Und ohne Mühe, wie bei der Mahlzeit 115
Die Kruste vom Brot, so brach er krachend
Herab den Beschlag und schleudert' ihn rückwärts,
Daß er hinter ihm plätschernd ins Wasser plumpte
Im fernen Hafen. Jetzt kehrt' er höhnisch
Den des Vordergewichtes entledigten Wurfspieß 120
Nach vorn mit dem Stiel, und die stumpfe Stange
Entsauste sicher dem sehnigen Arm.

Zu Boden, zersplittert in ein Bündel von Splinten,
Fiel sie vor der Fürstin; auch sie war gefallen,
Zusammengeknickt auf beide Kniee, 125
Und ihr Schild lag zerschellt bei den Spänen des Schaftes.

Zwar so manchem dünkt' es ein erlebtes Märchen,
Was Gibichson Gunther, burgundischer König,

Zu leisten vermocht noch außer dem Maulwurf;
130 Doch was er vollbracht im Kampfe mit Brunhild,
War niemande neuer und beim Vernehmen
Mehr erstaunlich, minder verständlich
Als Gibichson Gunthern, burgundischem König.

Aus Friedrich Hebbels Nibelungen.

Siegfrieds Tod.

Fünfter Aufzug.

Zweite Scene.

(**Siegfried** tritt auf mit **Rumolt** und mit **Knechten**.)

Siegfried.
Da bin ich! Nun, ihr Jäger,
Wo sind die Thaten? Meine würden mir
Auf einem Wagen folgen, doch er ist
Zerbrochen!

Hagen.
Nur den Löwen jag' ich heut',
Allein, ich traf ihn nicht.

Siegfried.
Das glaub' ich wohl,
5 Ich hab' ihn selbst erlegt! — Da wird gedeckt:
Ein Tusch für den, der das geordnet hat!
Jetzt spürt man, daß man's braucht. Verfluchte Raben,
Auch hier? Laßt blasen, daß die Hörner springen!
Mit jeglichem Getiere warf ich schon
10 Nach diesem Schwarm, zuletzt mit einem Fuchs,
Allein sie weichen nicht, und dennoch ist
Mir nichts im frischen Grün so widerwärtig

Als solch ein Schwarz, das an den Teufel mahnt.
Daß sich die Tauben nie so um mich sammeln!
Hier bleiben wir wohl auch die Nacht?

Gunther.
                        Wir dachten —

Siegfried.
Ei wohl, der Platz ist gut gewählt. Dort klafft
Ein hohler Baum! Den nehm' ich gleich für mich!
Denn so bin ich's von Jugend auf gewohnt,
Und Beff'res kenn' ich nicht, als eine Nacht,
Den Kopf ins mürbe Glimmholz eingewühlt,
So zwischen Schlaf und Wachen zu verdämmern,
Und an den Vögeln, wie sie ganz allmählich,
Der eine nach dem andern, munter werden,
Die Stunden abzuzählen. Tick, Tick, Tick!
Nun ist es zwei. Tuck, Tuck! Man muß sich recken.
Kiwitt, Kiwitt! Die Sonne blinzelt schon,
Gleich öffnet sie die Augen. Kikriki!
Springt auf, wenn ihr nicht niesen wollt!

Volker.
                        Ja wohl!
Es ist, als ob die Zeit sie selber weckte,
Indem sie sich im Dunkeln weiter fühlt,
Um ihr den Takt zu ihrem Gang zu schlagen.
Denn in gemess'nen Pausen, wie der Sand
Dem Glas entrinnt, und wie der lange Schatten
Des Sonnenweisers fort kriecht, folgen sich
Der Auerhahn, die Amsel und die Drossel,
Und keiner stört den andern, wie bei Tage,
Und lockt ihn einzufallen, eh' er darf.
Ich hab' es oft bemerkt.

Siegfried.
                Nicht wahr? — Du bist
Nicht fröhlich, Schwäher.

Gunther.
                Doch, ich bin's!

Siegfried.

O nein!
40 Ich sah schon Leute auf die Hochzeit gehn
Und hinter Särgen schreiten, und ich kann
Die Mienen unterscheiden. Macht's wie ich,
Und thut, als hätten wir uns nie gekannt,
Und uns zum erstenmal, der eine so,
45 Der andre so versehn, im Wald getroffen.
Da schüttet man zusammen, was man hat,
Und teilt mit Freuden mit, um zu empfangen.
Wohlan, ich bringe Fleisch von allen Sorten,
So gebt mir denn für einen Auerstier,
50 Fünf Eber, dreißig oder vierzig Hirsche
Und so viel Hühner, als ihr sammeln mögt,
Des Löwen und der Bären nicht zu denken,
Nur einen einz'gen Becher kühlen Weins.

Dankwart.

O weh!

Siegfried.

Was giebt's?

Hagen.

Das Trinken ist vergessen.

Siegfried.

55 Ich glaub's. Das kann dem Jäger wohl begegnen,
Der statt der Zunge eine Feuerkohle
Im Munde trägt, wenn's Feierabend ist.
Ich soll nur selber suchen wie ein Hund,
Obwohl mir seine Nase leider mangelt.
60 Es sei darum, ich störe keinen Spaß. (Er sucht.)
Hier nicht! Auch dort nicht! Nun wo steckt das Faß?
Ich bitt' dich, Spielmann, rette mich, sonst werd' ich
Euch aus dem lautesten der stillste Mann.

Hagen.

Das könnte kommen, denn — es fehlt am Wein.

Siegfried.

65 Zum Teufel eure Jagden, wenn ich nicht

Als Jäger auch gehalten werden soll!
Wer hatte denn für das Getränk zu sorgen?
Hagen.
Ich! — Doch ich wußte nicht, wohin es ging,
Und schickt' es in den Spessart, wo's vermutlich
An Kehlen mangelt.
Siegfried.
Danke dir, wer mag!
Giebt's hier denn auch kein Wasser? Soll man sich
Am Tau des Abends letzen und die Tropfen
Der Blätter lecken?
Hagen.
Halt nur erst den Mund,
So wird das Ohr dich trösten!
Siegfried (horcht).
Ja, es rauscht!
Willkommen, Strahl! Ich liebe dich zwar mehr,
Wenn du, anstatt so kurz vom Stein heraus
Zu quellen und mir in den Mund zu springen,
Den krausen Umweg durch die Rebe nimmst;
Denn du bringst vieles mit von deiner Reise,
Was uns den Kopf mit munt'rer Thorheit füllt.
Doch sei auch so gepriesen!
(Er geht auf den Brunnen zu.)
Aber nein,
Erst will ich büßen, und ihr sollt's bezeugen,
Daß ich's gethan. Ich bin der Durstigste
Von allen, und ich will als letzter trinken,
Weil ich ein wenig hart mit Kriemhild war.
Hagen.
So fang' ich an. (Er geht zum Brunnen.)
Siegfried (zu Gunther).
Erheit're dein Gesicht,
Ich hab' ein Mittel, Brunhild zu versöhnen —
Hagen (kommt wieder und entwaffnet sich).
Man muß sich bücken, und das geht nicht so. (Wieder ab.)

Siegfried.
Kriemhild will sie vor allem deinem Volk,
90 Bevor wir ziehen, um Verzeihung bitten.
Das hat sie frei gelobt, nur will sie gleich
Mit dem Erröten*) fort.

Hagen (kommt wieder).
So kalt wie Eis!

Siegfried.
Wer folgt?

Volker.
Wir essen erst.

Siegfried.
Wohlan!
(Er geht auf den Brunnen zu, kehrt aber wieder um.)
Ja so!
(Er entwaffnet sich und geht.)

Hagen (auf die Waffen deutend).
Hinweg damit!

Dankwart (trägt die Waffen fort).

Hagen (der seine Waffen wieder aufgenommen und Gunther fortwährend den Rücken zugewendet hat, nimmt einen Anlauf und wirft seinen Speer).

Siegfried (schreit auf).
Ihr Freunde!

Hagen (ruft).
Noch nicht still?
(Zu den andern)
95 Kein Wort mit ihm, was er auch sagen mag!

Siegfried (kriecht herein).
Mord! Mord! — Ihr selbst? Beim Trinken! Gunther,
  Gunther,
Verdient' ich das um dich? Ich stand dir bei
In Not und Tod.

Hagen.
Haut Zweige von den Bäumen!

---

*) Des Morgens.

Wir brauchen eine Bahre. Aber starke!
Ein toter Mann ist schwer. Rasch!

Siegfried.
                    Ich bin hin,
Doch noch nicht ganz!
        (Er springt auf.)
                    Wo ist mein Schwert geblieben?
Sie trugen's fort! Bei deiner Mannheit, Hagen,
Dem toten Mann ein Schwert! Ich ford're dich
Noch jetzt zum Kampf heraus!

Hagen.
                Der hat den Feind
Im Mund und sucht ihn noch.

Siegfried.
                Ich tropfe weg
Wie eine Kerze, die ins Laufen kam,
Und dieser Mörder weigert mir die Waffe,
Die ihn ein wenig wieder adeln könnte.
Pfui, pfui, wie feig! Er fürchtet meinen Daumen,
Denn ich bin nur mein Daumen noch.
        (Er strauchelt über seinen Schild.)
                Mein Schild!
Mein treuer Schild, ich werf' den Hund mit dir!
        (Er bückt sich nach dem Schilde, kann ihn aber nicht mehr heben und
                richtet sich taumelnd wieder auf.)
Wie angenagelt! Auch für diese Rache
Ist's schon zu spät!

Hagen.
            Ha! wenn der Schwätzer doch
Die lose Zunge, die noch immer plappert,
Zermalmte mit den Zähnen, zwischen denen
Sie ungestraft so lange sündigte!
Da wär' er gleich gerächt; denn die allein
Hat ihn so weit gebracht.

Siegfried.
            Du lügst! Das that
Dein Neid!

Hagen.
Schweig! Schweig!

Siegfried.
　　　　　　　Du drohst dem toten Mann?
120 Traf ich's so gut, daß ich dir wieder lebe?
Zieh' doch, ich falle jetzt von selbst; du kannst
Mich gleich bespei'n wie einen Haufen Staub.
Da lieg' ich schon —
(Er stürzt zu Boden.)
　　　　　　Den Siegfried seid ihr los!
Doch wißt, ihr habt in ihm euch selbst erschlagen.
125 Wer wird euch weiter trau'n! Man wird euch hetzen,
Wie ich den Dänen wollte —

Hagen.
　　　　　　　Dieser Tropf
Glaubt noch an uns're List!

Siegfried.
　　　　　　　So ist's nicht wahr?
Entsetzlich! Furchtbar! Kann der Mensch so lügen!
Nun wohl! Da seid ihr's ganz allein! Man wird
130 Euch immer mit verfluchen, wenn man flucht,
Und sprechen: Kröten, Vipern und Burgunden!
Nein, ihr voran: Burgunden, Vipern, Kröten;
Denn alles ist für euch dahin, die Ehre,
Der Ruhm, der Adel, alles hin, wie ich!
135 Dem Frevel ist kein Maß noch Ziel gesetzt:
Es kann der Arm sogar das Herz durchbohren;
Doch sicher ist es seine letzte That!
Mein Weib! mein armes, ahnungsvolles Weib,
Wie wirst du's tragen! Wenn der König Gunther
140 Noch irgend Lieb' und Treu' zu üben denkt,
So üb' er sie an dir! — Doch besser gehst du
Zu meinem Vater! — Hörst du mich, Kriemhild?
(Er stirbt.)

Hagen.
Jetzt schweigt er. Aber jetzt ist's kein Verdienst!

Dankwart.
Was sagen wir?

Hagen.
        Das Dümmste! Sprecht von Schächern,
Die ihn im Tann erschlugen. Keiner wird's   145
Zwar glauben, doch es wird auch keiner, denk' ich,
Uns Lügner nennen! Wir stehn wieder da,
Wo niemand Rechenschaft von uns verlangt,
Und sind wie Feuer und Wasser. Wenn der Rhein
Auf Lügen sinnt, warum er ausgetreten,   150
Ein Brand, warum er ausgebrochen ist,
Dann wollen wir uns quälen. Du, mein König,
Hast nichts befohlen, des erinn're dich.
Ich hafte ganz allein. Nun fort mit ihm!
(Alle ab mit der Leiche.)

Aus Emanuel Geibels Gedichten.

Volkers Nachtgesang.

1   Die lichten Sterne funkeln
    Hernieder kalt und stumm;
    Von Waffen klirrt's im Dunkeln,
    Der Tod schleicht draußen um.
  Schweb' hoch hinauf, mein Geigenklang,
  Durchbrich die Nacht mit klarem Sang!
    Du weißt den Spuk von dannen
      Zu bannen.

2   Wohl finster ist die Stunde,
    Doch hell sind Mut und Schwert;
    In meines Herzens Grunde
    Steht aller Freuden Herd.
  O Lebenslust, wie reich du blühst,
  O Heldenblut, wie kühn du glühst!
    Wie gleicht der Sonn' im Scheiden
      Ihr beiden!

3 Ich denke hoher Ehren,
 Sturmlust'ger Jugendzeit,
 Da wir mit scharfen Speeren
 Hinjauchzten in den Streit.
 Hei Schildgekrach im Sachsenkrieg!
 Auf unsern Bannern saß der Sieg,
 Als wir die ersten Narben
 Erwarben.

4 Mein grünes Heimatleben,
 Wie tauchst du mir empor!
 Des Schwarzwalds Wipfel weben
 Herüber an mein Ohr;
 So säuselt's in der Rebenflur,
 So braust der Rhein, darauf ich fuhr
 Mit meinem Lieb zu zweien
 Im Maien.

5 O Minne, wundersüße,
 Du Rosenhag in Blust,
 Ich grüße dich, ich grüße
 Dich heut' aus tiefster Brust!
 Du roter Mund, gedenk' ich dein,
 Es macht mich stark wie firner Wein.
 Das sollen Hennenwunden
 Bekunden.

6 Ihr Kön'ge, sonder Zagen
 Schlaft sanft, ich halte Wacht;
 Ein Glanz aus alten Tagen
 Erleuchtet mir die Nacht.
 Und kommt die Früh' im blut'gen Kleid:
 Gott grüß' dich, grimmer Schwerterstreit!
 Dann magst du, Tod, zum Reigen
 Uns geigen!

Gudruns Klage.

Nun geht in grauer Frühe
Der scharfe Märzenwind,
Und meiner Qual und Mühe
Ein neuer Tag beginnt.
Ich wall' hinab zum Strande
Durch Reif und Dornen hin,
Zu waschen die Gewande
Der grimmen Königin.

2   Das Meer ist tief und herbe;
Doch tiefer ist die Pein,
Von Freund und Heimatserbe
Allzeit geschieden sein;
Doch herber ist's, zu dienen
In fremder Mägde Schar,
Und hat mir einst geschienen
Die güldne Kron' im Haar.

3   Mir ward kein guter Morgen,
Seit ich dem Feind verfiel;
Mein' Speis' und Trank sind Sorgen,
Und Kummer mein Gespiel.
Doch berg' ich meine Thränen
In stolzer Einsamkeit;
Am Strand den wilden Schwänen
Allein sing' ich mein Leid.

4   Kein Dräuen soll mir beugen
Den hochgemuten Sinn!
Ausduldend will ich zeugen,
Von welchem Stamm ich bin.
Und so sie hold gebaren,
Wie Spinnweb acht' ich's nur;
Ich will getreu bewahren
Mein Herz und meinen Schwur.

5   O Ortwin, trauter Bruder,
O Herwig, Buhle wert,
Was rauscht nicht euer Ruder,
Was klingt nicht euer Schwert!
Umsonst zur Meereswüste
Hinspäh' ich jede Stund';
Doch naht sich dieser Küste
Kein Wimpel, das mir kund.

6   Ich weiß es: nicht vergessen
Habt ihr der armen Maid;
Doch ist nur kurz gemessen
Dem steten Gram die Zeit.
Wohl kommt ihr einst, zu sühnen,
Zu retten, ach! zu spät,
Wann schon der Sand der Dünen
Um meinen Hügel weht.

7   Es dröhnt mit dumpfem Schlage
Die Brandung in mein Wort;
Der Sturm zerreißt die Klage
Und trägt beschwingt sie fort.
O möcht' er brausend schweben
Und geben euch Bericht:
Wohl laß' ich hier das Leben,
Die Treue laß' ich nicht!

Druck von Velhagen & Klasing in Bielefeld.